ORGUE
DE SAINT-DENIS.

Imprimerie Ducessois, 55, quai des Augustins.

ORGUE

de l'église royale

DE SAINT-DENIS

CONSTRUIT

PAR MM. CAVAILLÉ-COLL PÈRE ET FILS

Facteurs d'Orgues du Roi.

Avec gravure représentant l'Orgue de Saint-Denis.

RAPPORT

FAIT A LA SOCIÉTÉ LIBRE DES BEAUX-ARTS

PAR

J. ADRIEN DE LA FAGE.

Seconde édition.

PARIS

COMPTOIR DES IMPRIMEURS-UNIS   SIMON RICHAULT

QUAI MALAQUAIS, 15.   BOULEVARD POISSONNIÈRE, 28.

Et chez MM. CAVAILLÉ-COLL père et fils, rue Pigale, n° 48.

SAINT-DENIS

CHEZ LE GARDIEN DE L'ÉGLISE ROYALE.

1846.

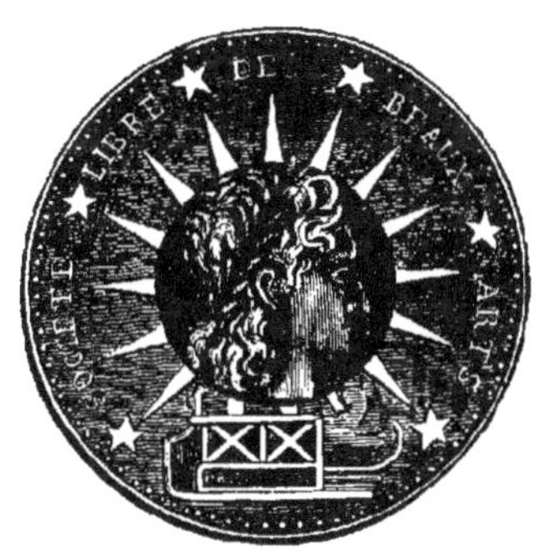

SOCIÉTÉ LIBRE DES BEAUX-ARTS.

EXTRAIT DU REGISTRE DES PROCÈS-VERBAUX,

Séance du 7 mai 1844.

« *M. Jacquemart au nom de la Commission d'en-*
couragement, fait un rapport dont les conclusions
sont que la Société accorde la médaille d'argent (sa
plus forte récompense) à M. Aristide Cavaillé pour
les perfectionnements introduits par lui dans la fac-
ture des orgues, et particulièrement dans celui de
l'église royale de Saint-Denis, sur lequel M. Adrien
de La Fage a donné à la Commission et à la Société
d'amples renseignements qui représentent ce grand
instrument comme le mieux construit de tous ceux de
ce genre qui existent en France, et comme offrant
outre beaucoup d'améliorations absolument nouvelles,

le résumé de tous les perfectionnements introduits dans la facture depuis le commencement du siècle.

« Les conclusions du rapporteur sont adoptées à l'unanimité. »

N. B. Le Rapport suivant a paru d'abord dans le tome XIV des *Annales de la Société des Beaux-Arts*. En le reproduisant séparément il y a quelques mois, l'auteur y fit des additions qui augmentèrent de près du double le travail primitif. Dans cette seconde édition, il a fait d'assez nombreuses corrections. Si la forme de l'ouvrage l'eût permis, on aurait mentionné de nombreux perfectionnements introduits postérieurement par les facteurs de l'orgue de Saint-Denis, d'abord dans le grand orgue de Saint-Roch qu'ils ont entièrement reconstruit, puis dans celui de la chapelle royale de Dreux : mais toutes ces améliorations se montreront plus parfaites et plus complètes dans le grand orgue de la Madelaine sur lequel il sera sans doute publié une Notice particulière.

RAPPORT

A LA SOCIÉTÉ LIBRE DES BEAUX-ARTS

SUR LE

GRAND ORGUE DE SAINT-DENIS,

Messieurs, lorsque sur mon rapport verbal, d'a-
près l'opinion de notre section de musique et en
raison de la connaissance que plusieurs d'entre vous
avaient de l'orgue de Saint-Denis, il fut unanimement décidé que notre plus forte récompense serait décernée à **M.** Aristide Cavaillé pour les perfectionnements introduits par lui dans la facture
des orgues dont il avait fait en cette occasion une
application si heureuse et si féconde, on témoigna
le désir que je misse par écrit l'exposition abrégée
que je fis alors du mécanisme et du système général
de l'orgue, ainsi que de son histoire, en la con-
duisant jusqu'à l'époque où **M.** Cavaillé introduisit

dans celui de Saint-Denis d'heureuses et nombreuses modifications. C'est de ce devoir que je viens m'acquitter aujourd'hui. Malgré tout le soin apporté pour resserrer dans ses plus étroites limites une matière si abondante, je crains d'être à juste titre accusé de longueur; mais il m'a paru indispensable d'entrer en quelques détails pour être bien compris; je voulais donner à l'esquisse que je présente des contours assez marqués et d'assez fortes proportions pour que l'ensemble fût sensible à tous les yeux.

Il n'est personne qui, après avoir entendu un orgue de dimension suffisante, ne convienne que cet instrument est le plus puissant, le plus magnifique, le plus varié de tous, celui dont la conception est la plus merveilleuse, l'effet le plus grandiose, l'aspect le plus imposant et qui, par sa nature, son mécanisme et ses étonnantes ressources, semble tout à fait digne de l'usage auquel on l'a spécialement destiné, savoir : de présider aux réunions où s'invoque la Divinité, tantôt s'unissant aux prières publiques, tantôt alternant avec elles et entretenant sans cesse dans tous les cœurs les sentiments de ferveur et de reconnaissance.

Cependant la plupart de ceux qui se plaisent à entendre les orgues d'église, et les admirent à juste titre comme l'un des plus beaux résultats de l'union de l'art et de la mécanique, ne connaissent pas les immenses détails de cette grande machine dont l'action vient en aide à la musique, et met à la disposition d'un seul homme une force sonore vraiment prodigieuse qu'égalent à peine les orchestres les plus nombreux et les mieux composés. Je vais avant tout tâcher d'en donner une idée générale bien nette et bien précise ; j'examinerai ensuite les commencements de cet instrument, et je suivrai ses perfectionnements depuis l'époque où son usage commença de se répandre ; enfin, je terminerai par faire connaître en quoi consistent les améliorations récemment introduites dans la facture par M. Aristide Cavaillé : c'est alors qu'il sera temps de parler avec une certaine étendue de l'orgue de Saint-Denis.

SECTION PREMIÈRE.

Description abrégée de l'orgue.

Les matières qui entrent dans la composition de l'orgue sont : le bois, le cuivre, le fer, l'étain, le plomb, la peau, la colle-forte, etc. Le bois sert à faire une partie des tuyaux, les sommiers, les claviers, les abrégés, enfin les soufflets et le buffet ou corps même de l'instrument. Pendant longtemps on ne s'est servi pour cet usage que de chêne, et l'on employait pour les parties qui exigeaient une grande perfection le bois connu sous le nom de *chêne de Hollande*, en traitant les parties moins délicates en *chêne des Vosges*. On a plus tard fait usage du sapin, et l'on a même prétendu que ce dernier bois, ayant plus de sonorité que le premier, était par conséquent préférable pour la confection des tuyaux. Une chose bien sûre, c'est qu'entre les mains d'un facteur habile l'un et l'autre bois peuvent être employés avec avantage, selon les applications qui en sont faites. Le cuivre joue un rôle très-important dans les jeux d'anches, et le fer dans la partie mécanique de l'instrument; l'étain et le plomb servent pour un grand nombre de tuyaux; les bons *organiers* ne font usage que de l'étain fin, dit *étain d'Angleterre*.

On voit d'après cela que pour acquérir, dans la fabrication des orgues, une réputation méritée, il faut posséder des connaissances pratiques fort étendues. Un point fort essentiel si l'on veut introduire quelque perfectionnement dans les effets sonores, est d'avoir fait une étude sérieuse de l'acoustique, afin de pouvoir, par soi-même, renouveler des expériences connues ou en faire de nouvelles. Il n'est pas moins indispensable d'être habile mécanicien, car les localités peuvent chaque jour exiger des modifications dans les combinaisons ordinaires; par la même raison un bon organier doit posséder une connaissance assez avancée de la statique; il faut de plus s'entendre à fondre, couler et laminer le métal, connaître la menuiserie et l'ébénisterie, en un mot, posséder à un degré convenable tous les arts mécaniques qui concourent à la confection de l'instrument.

Tout orgue, quelles que soient d'ailleurs ses dimensions, peut être considéré sous deux aspects

1° dans sa partie *résonnante*, et 2° dans sa partie purement *mécanique*; pour être mieux compris, je vais d'abord parler de cette dernière, à laquelle se rapportent la *soufflerie*, les *portevents*, les *sommiers*, les *registres*, les *claviers*, les *abrégés*, et autres parties moins importantes du mécanisme destiné à faire parler l'instrument.

La *soufflerie* est la réunion des *soufflets* qui sont en tel nombre qu'on le juge convenable : leur bascule est mise en mouvement par un ou plusieurs hommes qui se servent à cet effet des pieds ou des mains, comme il se pratique pour les cloches d'églises. On nomme aussi *soufflerie* l'endroit quelquefois assez éloigné des tuyaux où sont placés les soufflets.

Les *grands portevents* sont des conduits en bois qui *portent* le *vent* de la soufflerie aux différents sommiers.

Les *petits* portevents sont en plomb, et communiquent du sommier aux tuyaux lorsque ceux-ci doivent par quelque motif n'y pas être fixés; quand par exemple ils sont posés *en montre*, c'est-à-dire sur le devant de l'orgue, ou bien lorsqu'il s'agit de tuyaux appartenant aux basses de certains jeux, et qui, en raison de leur volume, ne sauraient être placés directement sur le sommier; on les appelle alors tuyaux *postés*.

Le vent arrive donc de la soufflerie aux *sommiers*; c'est-à-dire à de grandes caisses, cloisonnées de mille façons, où se fait la distribution de l'air au moyen de *soupapes* que l'organiste met en jeu en abaissant les touches des claviers. Sur les sommiers sont implantés les tuyaux par le côté de leur *embouchure;* l'air émis au moyen des soupapes les fait résonner. Tous les tuyaux de même ton sont placés à chaque sommier sur la ligne d'un conduit appelé *gravure*, et peuvent résonner tous au moment où s'ouvre la soupape par laquelle l'air y est introduit.

Mais comme tout tuyau doit au besoin se faire entendre isolément, les sommiers sont munis de *registres;* on donne ce nom à des règles mobiles qui servent à ouvrir ou fermer chacune des séries de tuyaux conçues dans un même système, et que l'on nomme *jeux*. Ces règles, percées d'autant de trous qu'il y a de tuyaux pour un jeu, se meuvent au milieu d'autres pièces de figure semblable appelées registres *dormants* ou *faux-registres,* bouchant et débouchant à la manière d'un robinet chaque tuyau de la série que l'on veut faire parler. Par ce moyen, chaque registre amène un tuyau pour chaque touche, en sorte que si l'on ouvre deux registres on a deux tuyaux qui parlent à la fois à chaque touche du clavier correspondant; trois tuyaux se font entendre si l'on ouvre trois registres; quatre si l'on en ouvre quatre, etc. La soupape que fait mouvoir chaque touche peut ainsi donner le vent à tous les tuyaux correspondants à la note du clavier, mais seulement en raison du nombre de registres ouverts. On comprend dès lors que les registres fournissent à l'organiste les moyens de combiner et d'associer les différents timbres propres à chacun des jeux.

Il obtient les combinaisons qu'il désire au moyen de *tirants* placés à droite et à gauche de la fenêtre du clavier, et que par extension l'on appelle aussi *registres;* l'organiste les *tire* en plus ou moins grand nombre, selon qu'il veut avoir plus ou moins de jeux à sa disposition. Cette opération est celle à laquelle il songe aussitôt qu'il est assis sur son banc et veut faire parler l'instrument. Dans les orgues modernes, on place à portée des pieds certains ressorts qui font mouvoir les tirants, afin que l'exécutant puisse changer de jeux sans que ses mains quittent les touches, et par conséquent sans que la mélodie soit interrompue.

Les *claviers* servent, comme dans le piano, à faire résonner l'instrument, ce qui a lieu ici par l'ouverture immédiate de la soupape au moment où l'organiste presse de son doigt la touche du clavier.

Les anciennes orgues de grande dimension sont d'ordinaire à cinq claviers disposés en escalier les uns au-dessus des autres. Le premier, en commençant par en bas, appartient au *positif,* le deuxième est celui du *grand orgue,* le troisième est le clavier spécial des jeux de *bombarde,* le quatrième le clavier *de récit,* le cinquième le clavier *d'écho.* Outre ces cinq claviers, il y en a un sixième disposé à portée des pieds de l'organiste et que l'on nomme *pédalier* ou *clavier de pédales.* Il peut, si l'on veut, être double, et l'on augmenterait aussi, au besoin, le nombre des autres claviers; nous verrons bientôt que la facture moderne tend au contraire à le réduire, mais il faut considérer que, dans la facture ancienne, les deux derniers claviers n'avaient que la moitié de l'étendue des autres.

Nous avons nommé le clavier du *positif*; on appelle *positif* un petit orgue dont les tuyaux sont absolument séparés du *grand*, et qui dans les anciennes orgues de France est placé sur la partie avant de la tribune où l'orgue est construit; les deux orgues peuvent, à la volonté de l'organiste, parler ensemble ou séparément. Chaque clavier correspond à un sommier particulier.

Les *abrégés* sont des rouleaux qui transmettent l'action des touches aux soupapes des sommiers. Une série de leviers obliques appelée *éventail* et destinée à obtenir, dans des conditions différentes, l'effet des abrégés, s'emploie d'ordinaire pour le clavier du positif.

Il est impossible d'entrer ici dans tous les détails mécaniques nécessaires pour obtenir les effets propres à l'orgue, mais on peut se faire une juste idée de la précision indispensable à tout le travail de la facture, en se rappelant que des milliers de tuyaux doivent être mis en jeu par la simple apposition des doigts de l'organiste sur les touches du clavier.

La partie de l'orgue que j'ai nommée *résonnante* se compose de séries de tuyaux appelés *jeux*. Ces

jeux diffèrent entre eux par leur tonalité, leur intensité et leur timbre. Par leur tonalité : chacun
d'eux formant une suite chromatique plus ou
moins étendue ; les jeux *complets* ont quatre octaves
ou quatre octaves et demie, les jeux *incomplets* en
ont trois, deux, etc.; plusieurs n'ont que la moitié du clavier, les uns faisant le dessus, les autres
la basse. Par leur intensité : tel jeu ayant une bien
plus grande puissance et un bien plus fort volume
que tel autre. Par leur timbre : une bombarde ne
résonnant point comme une flûte, un cornet
comme un cromorne, etc.

Tous les jeux quels qu'ils soient se rapportent à
deux grandes sections, jeux *à bouche* et jeux
à anches.

Les jeux à bouche sont ainsi nommés parce qu'ils
parlent au moyen d'un trou appelé *bouche*, placé
à celle des extrémités du tuyau qui porte sur le
sommier. Tout le monde comprendra comment ce
phénomène a lieu en se représentant le bec du flageolet, dont le principe sonore est exactement le
même. Les tuyaux sont en bois, en étain ou en
étoffe : on donne ce dernier nom à une composition
dans laquelle entre une forte partie de plomb et une
petite partie d'étain qui sert à consolider le plomb.
Ils sont *ouverts* lorsque l'extrémité du tuyau opposée à l'embouchure est entièrement ouverte ; ils
sont *bouchés*, c'est-à-dire garnis d'un tampon à l'o-
rifice supérieur, et alors ils sonnent l'octave grave
des tuyaux *ouverts* d'une longueur semblable à la

leur ; enfin ils sont *à cheminée*, si à l'extrémité opposée à l'embouchure ils ont un trou de faible dimension surmonté d'un petit tube de pareil diamètre, de telle sorte que le son se propage par cette
étroite ouverture. Le timbre de ces tuyaux, un peu
plus clair que celui des tuyaux bouchés, et un peu
moins clair que celui des tuyaux ouverts, tient ainsi
le milieu entre les deux.

Les tuyaux de métal sont *cylindriques* ou *coniques*
à base circulaire. Les tuyaux de bois sont *prismatiques* ou *pyramidaux* à base carrée ; il est évident
que la forme quadrilatérale a été choisie pour les
tuyaux de bois, parce qu'elle en rend la construction plus facile.

Les tuyaux cylindriques et prismatiques sont
ceux dont l'emploi est le plus fréquent. Les tuyaux
coniques offrent à l'extrémité *ouverte* un diamètre
plus grand qu'à l'extrémité opposée où se trouve
l'embouchure. Il y a encore des tuyaux *à fuseau*, ainsi
nommés à cause de la ressemblance de leur forme
avec celle du fuseau à filer ; ils ont, au contraire, l'orifice supérieur d'un plus petit diamètre que la partie
où se trouve l'embouchure. Les tuyaux *pyramidaux*
sont les tuyaux de bois dont l'orifice supérieur va
se rétrécissant en forme de pyramide.

En somme, quelle qu'en soit la forme, ce sont
toujours là des tuyaux *ouverts* et c'est seulement la
disposition du tube qui les distingue des autres. Le
son des tuyaux coniques est plus puissant que celui
des tuyaux ouverts cylindriques ; celui des tuyaux

à fuseau tient l'intermédiaire entre les tuyaux à cheminée et les tuyaux entièrement ouverts.

Les jeux à bouche prennent le nom de jeux *de fond*, et dans ce cas ils sont tous à l'octave les uns des autres, et de jeux *de mutation* lorsqu'ils forment entre eux des intervalles autres que l'octave. Ils sont *simples* si la note qu'ils expriment est produite par un seul tuyau, *composés* quand plusieurs tuyaux aliquotes l'un de l'autre parlent en même temps et s'unissent de manière à paraître ne former qu'un seul et même son. Ce phénomène offre une éclatante preuve de la présence dans le corps sonore de son octave, de sa douzième, de sa dix-septième, etc., appelées *sons harmoniques* par les acousticiens [1]. Parmi les jeux composés, il en est qui présentent encore un autre phénomène fort singulier : c'est qu'ils ne forment point par rapport au clavier de l'orgue une progression constamment à l'unisson ou à l'octave de quelque autre jeu ; ils reproduisent à plusieurs fois appelées *reprises* une série de tons pris vers l'aigu et qu'ils ont déjà exprimée. Cette inégalité semble cependant disparaître lorsqu'aux jeux de cette nature s'unissent les jeux de fond, qui par leur puissance et leur plénitude absorbent en quelque sorte les premiers, en sorte que l'oreille la plus fine n'est aucunement choquée de la discontinuité des octaves dans les jeux composés.

Les *jeux d'anches* empruntent ce nom d'une lan-

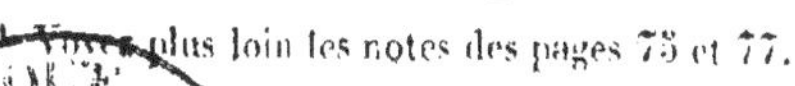

[1] Voyez plus loin les notes des pages 75 et 77.

guette de cuivre placée à l'extrémité du tuyau qui pose sur le sommier, et que l'on nomme *anche;* cette languette mise en vibration par le courant d'air, détermine le timbre particulier du son produit par le tuyau. Nous avons comparé le mécanisme des tuyaux à bouche à celui du flageolet; le mécanisme des tuyaux à anches peut être rapproché de celui de la clarinette.

La forme de ces derniers varie suivant le jeu qu'il s'agit de produire; les uns sont cylindriques, les autres coniques; on les accompagne quelquefois d'un *pavillon* semblable à celui des instruments de cuivre (cors, trompettes, trombones, etc.), ou bien d'une forme particulière que j'indiquerai en parlant de chacun des jeux. Au reste, tous les tuyaux des jeux d'anches sont *ouverts*, mais quelquefois incomplétement, comme on l'indiquera bientôt.

Si maintenant nous voulons passer une revue rapide de chacun des jeux qui se trouvent dans un orgue un peu considérable, nous trouvons parmi les jeux à bouche et de fond :

1° Le *trente-deux pieds* appelé aussi *flûte ouverte de trente-deux,* ou *montre de trente-deux :* c'est le plus grand de tous les jeux; on le fabrique en étain fin ou en bois; d'ordinaire il ne se joue qu'à la pédale ; il part de l'*ut* pris deux octaves plus bas que l'*ut* grave du violoncelle, et s'étend jusqu'aux notes les plus élevées du clavier. Le seul orgue de France qui renferme à ma connaissance un trente-deux pieds ouvert complet est celui de Saint-Denis.

2° Le *bourdon de trente-deux pieds*, appelé aussi *gros bourdon* ou *flûte bouchée de seize*, a la même étendue que le précédent; il est en bois, au moins pour les trois premières octaves; quelques orgues ont la quatrième en étoffe.

3° Le *seize-pieds*, *flûte ouverte* ou *montre de seize*, sonne une octave au-dessus des précédents; on le fabrique en étain, et on le place en montre; ses plus grands tuyaux sont souvent en bois, et alors ils sont placés dans l'intérieur de l'orgue.

4° Le *bourdon de seize pieds* est une *flûte bouchée de huit*, et sonne à l'unisson avec le précédent; il est en bois, au moins pour les deux premières octaves; les deux suivantes sont quelquefois en étoffe.

5° Le *huit-pieds ouvert*, *flûte* ou *montre de huit*, fournit l'octave des deux précédents; il est construit en étain, et dans les grandes orgues on le place à la montre du positif. En Allemagne on appelle ce jeu *principal*; en Angleterre il se nomme *diapason*.

6° Le *bourdon de huit pieds* est un quatre-pieds bouché qui sonne le huit-pieds ouvert et a la même étendue.

7° Le *prestant* est une flûte ouverte de quatre pieds, formée de tuyaux d'étain et sonnant à l'octave des précédents. C'est ce jeu et non le huit-pieds qu'en Angleterre on appelle *principal*.

8° La *doublette* sonne l'octave du prestant et se compose de tuyaux d'étain fin dont le plus grand est de deux pieds.

Remarquons que plusieurs de ces jeux peuvent

être doublés et triplés ; ainsi le huit-pieds ouvert et bouché se trouve souvent au grand orgue au positif et à la pédale ; observons aussi que l'on emploie le nom de ces jeux pour indiquer la force, l'étendue et l'importance des instruments ; ainsi l'on dit en parlant d'un orgue : c'est un *trente-deux*, un *seize-pieds ;* cela veut dire que le plus grand tuyau a ces dimensions et produit par conséquent le ton naturel à un tube de ces longueurs [1].

Ajoutons que pour les jeux ouverts, il peut arriver que par défaut d'espace ou par motif d'économie, on *bouche* les gros tuyaux de certains jeux, afin d'en réduire la dimension de moitié ; du reste, pour les bons organiers, ce n'est là qu'une ressource toute de circonstance et dont ils n'usent que s'il leur est absolument impossible de n'y pas avoir recours.

En continuant la liste des jeux à bouches nous arrivons aux jeux de mutation ; nous y trouvons :

9° Le *gros nasard,* jeu ouvert construit en étoffe et sonnant la quinte de la flûte de huit pieds ; on le met quelquefois à la pédale, mais il ne s'emploie que dans les orgues ayant au moins un *seize-pieds*.

10° La *grosse tierce,* jeu également ouvert et en étoffe, qui fournit la sixte du gros nasard et par conséquent la tierce du prestant.

11° Le *nasard* qui vient ensuite en allant du grave

---

[1] Quelques organiers peu scrupuleux ont parfois annoncé dans leurs devis des trente-deux, des seize, des huit-pieds, sans indiquer qu'il s'agissait de jeux *bouchés*, ce qui, pour l'effet, l'importance et le prix, est tout autre chose que les jeux ouverts correspondants.

à l'aigu, résonne à la quinte du prestant et à l'octave de gros nasard. Les tuyaux de ce jeu, ainsi que ceux du gros nasard sont ordinairement à cheminée.

12° La *quarte de nasard* en est une véritable, puisqu'elle sonne l'octave du prestant.

13° La *tierce* est un jeu en étain à la tierce de la doublette.

14° Le *larigot* résonne à la quinte de la même doublette, et par conséquent à la tierce de la *tierce*.

Les facteurs modernes tendent à supprimer les jeux de mutation dont plusieurs ont déjà presque entièrement disparu. On me permettra de ne point approuver cette innovation, qui dépouille l'orgue d'une partie de ses richesses et lui ôte quelque chose de son caractère. Sans doute, l'abus des jeux de mutation serait pernicieux et même ridicule, mais il ne s'ensuit pas de là qu'ils doivent être absolument écartés [1].

Nous arrivons aux jeux composés qui sont :

15° La *fourniture*, formée de *trois* à *sept* tuyaux *sur marche*, c'est-à-dire de trois à sept tuyaux pour

[1] Des musiciens fort estimables ont en ces derniers temps traité d'*harmonie barbare* la présence dans l'orgue des jeux de mutation, parce qu'il en résultait, par exemple, des suites de tierces majeures appliquées à des tons mineurs ; cela prouve seulement qu'ils n'avaient point suffisamment étudié l'effet de ces jeux. Tel qui les a condamnés pendant longtemps en apprécie plus tard le mérite et les avantages sur lesquels il n'est pas possible de s'étendre ici. Ce qu'il faut dire, c'est que, pour être bons, les jeux de mutation doivent être construits et accordés avec un soin extrême ; leur effet, convenablement ménagé, est excellent si l'ensemble des jeux auxquels ils s'unissent est parfait.

chaque note, et rendant un son unique en apparence, quoique produit par plusieurs tubes. Ceux-ci en effet donnent isolément des sons différents, mais toujours dans le rapport des consonnances harmoniques, les tuyaux de chaque note étant accordés à l'octave où à la quinte les uns des autres. Quelques organiers y font entrer la tierce, surtout ceux d'Italie qui l'emploient toujours dans leur fourniture qu'ils nomment *ripieno*. La fourniture a l'étendue du clavier et se construit en étain fin.

16° La *cymbale* diffère de la fourniture en ce qu'elle a moins de gros tuyaux et que ses *reprises* sont différentes et en plus grand nombre. Les tuyaux de la cymbale sont également accordés à l'octave ou à la quinte les uns des autres ; les organiers français n'y font jamais entrer la tierce.

La réunion de la fourniture et de la cymbale s'appelle *plein-jeu*, mais quelquefois ce nom s'applique aussi à la seule fourniture, surtout dans les orgues qui n'ont pas de cymbale.

17° Le *cornet* est un jeu fort brillant fait en étoffe ; il ne se joue que dans le dessus et n'a d'ordinaire que deux octaves et demie, avec cinq tuyaux sur marche. Les cinq tuyaux correspondent à la série des sons harmoniques d'un tuyau ouvert ; en prenant le huit-pieds pour base, le plus grand tuyau donne l'unisson de celui-ci ; le deuxième, l'octave du premier ou l'unisson du prestant ; le troisième, la douzième du premier ou la quinte du prestant ; le quatrième, la double octave du premier ou l'unisson de la doublette ; enfin, le cinquième sonne la dix-septième du premier ou la tierce de la doublette. En résumé, chaque note est composée de cinq tuyaux dans le rapport suivant : ut, ut $_2$, sol $_2$, ut $_3$, mi $_3$. On peut doubler à l'unisson un ou plusieurs de ces tuyaux, et lorsqu'ils sont tous bien accordés, il est impossible à l'oreille la plus exercée de saisir autre chose qu'un son unique. Des jeux composés, le cornet est celui qu'on double le plus volontiers ; les anciennes orgues en contiennent trois ; l'un au positif, l'autre au grand orgue et le troisième au clavier de récit. On l'emploie du reste avantageusement pour renforcer dans les dessus les jeux d'anches avec lesquels il a, quant au timbre, une grande analogie.

Les jeux d'anches sont moins nombreux que les jeux de fond : le plus volumineux est :

18° La *bombarde* dont le premier tuyau a seize pieds et sonne l'unisson du seize-pieds ouvert. Ce jeu, qui ne se place que dans les orgues de grande dimension, est d'un effet vraiment extraordinaire ; il se joue, comme on l'a vu, sur un clavier séparé, et se trouve aussi à la pédale ; ses tuyaux sont de forme conique. Ainsi que plusieurs autres jeux, il peut avoir un *ravalement*, c'est-à-dire une augmentation d'étendue au grave qui porte son plus grand tuyau à vingt-quatre pieds, ce qui le fait rentrer dans l'octave du trente-deux pieds ; on a même construit des bombardes qui atteignent cette dernière dimension.

19° La *trompette* sonne l'unisson du huit-pieds, longueur du premier de ses tuyaux qui sont en étain fin et de forme conique ; dans les grands instruments, on met quelquefois deux à trois trompettes qui parlent sur le même clavier, sans préjudice de celles qui peuvent se trouver à la pédale, au clavier de récit et au clavier d'écho. On a quelquefois terminé les tuyaux de trompette par un pavillon semblable à celui de la trompette ordinaire.

20° Le *cromorne* a un son beaucoup moins éclatant que la trompette à l'unisson de laquelle il se trouve ; il est construit en étain fin et se place toujours au positif ; ses tuyaux sont cylindriques.

21° La *voix humaine* est à l'unisson des deux précédents ; ses tuyaux cylindriques sont en étain, très-courts et recouverts à l'extrémité supérieure d'une petite plaque qui bouche environ la moitié de l'orifice. Il est rare que ce jeu soit bon, et il ne fournit d'ordinaire qu'un son aigre ou criard, parce que le corps sonore est trop court pour se trouver en rapport avec les vibrations de l'anche.

22° Le *clairon* sonne l'octave de la trompette, à laquelle ce jeu est d'ailleurs entièrement semblable, sauf la longueur des tuyaux.

23° Le *hautbois* imite assez bien l'instrument dont il porte le nom, et il s'en rapproche aussi par la forme de ses tuyaux : il n'a ordinairement que les octaves supérieures, mais on le complète au moyen du *basson*.

24° Le *lasson* garnit les deux autres octaves. Ce dernier jeu s'obtient, soit par des tuyaux coniques semblables à ceux de la trompette, mais beaucoup plus petits, soit par des tuyaux analogues à ceux du hautbois, mais terminés par un cône renversé.

Parmi les jeux qui viennent d'être mentionnés, le nom de quelques-uns s'explique de lui-même : ainsi l'on comprend sans peine que les *flûtes* ouvertes ou bouchées portent ce nom en raison de la ressemblance de leur son avec celui de la flûte proprement dite et des instruments analogues. La dénomination de *bourdons* se conçoit aussi ; ce terme dans l'ancienne langue équivaut à notre mot *basse*, et comme les bourdons sonnent à l'octave grave des jeux ouverts de même longueur, il était naturel de leur donner ce nom qui indique encore le *bourdonnement* un peu sourd qu'ils produisent. C'est avec raison que les Allemands ont nommé le huit-pieds *principal*, puisqu'il est en effet le ton *principal* de l'orgue, celui qui correspond au diapason des instruments d'orchestre.

Le *prestant* (præ-stans), qui tient l'intermédiaire entre les jeux graves et les jeux aigus, tire surtout sa *prestance* de l'emploi qu'on en fait pour accorder l'orgue. Il est utile de dire ici un mot de cette opération.

On commence par établir sur ce jeu la série chromatique des degrés de la gamme en rognant les tuyaux autant qu'il est nécessaire pour obtenir précisément le ton voulu. Ce premier travail

achevé, il ne s'agit plus que de remédier à de petites différences en resserrant l'orifice des tuyaux
lorsque l'on veut abaisser le ton et en l'élargissant
si l'on désire l'élever. On se sert à cet effet d'*accor-
doirs* en cuivre, dont l'un des bouts a la figure d'un
éteignoir plus grand que l'orifice des tuyaux qu'il
est destiné à rétrécir ; l'autre bout présente un cône
solide formant une sorte d'éteignoir renversé plus
large que les tuyaux dans lesquels on l'introduit
pour en obtenir l'évasement. On rectifie encore
les défectuosités tonales, en écartant ou resserrant
deux lamelles de plomb appelées *oreilles*, situées
de chaque côté de la *bouche* du tuyau. L'accord des
jeux d'anches se complète au moyen d'un fil de
fer à coulisse nommé *rasette ;* on pousse et l'on
retire ce fil de manière à raccourcir ou allonger la
partie vibrante de la languette productrice du son.
Il est presque inutile de dire que l'orgue, comme
le piano, s'accorde au tempérament égal. Lorsque
l'on a *fait la partition* sur le prestant et bien fixé
toute l'étendue de ce jeu, il sert pour accorder
tous les autres.

Le nom de la *doublette* s'explique aisément
comme fournissant la *double octave* du huit-pieds
ou principal.

Les nasards (nasus), qui sont le plus souvent *à
cheminée*, sont ainsi construits afin que leur son,
qui pour deux d'entre eux est à la quinte de jeux
voisins, ne soit pas trop dominant ; or, le ton plus
sourd qu'ils fournissent a pu être, par analogie,

rapproché de celui de la voix de l'homme chantant du *nez*.

Le *larigot* désigne dans le vieux français un flageolet ou flûte champêtre ayant un son très-aigu ; c'est en effet le plus élevé de tous les jeux de l'orgue [1].

Le nom de la *fourniture* s'explique bien aisément, car cet assemblage de petits tuyaux résonnant avec les grands et confondant leur son de manière à ne plus produire qu'une sensation douteuse, est pour l'ensemble auquel il imprime un caractère particulier une sorte d'*assaisonnement*, comme le cerfeuil, l'estragon, la pimprenelle, etc., dont la réunion se nomme aussi fourniture, en sont un pour la salade [2]. Le terme de *plein jeu* se comprend en ce sens que l'addition de la *fourniture* aux jeux de fond donne à ceux-ci une grande *plénitude*.

Il est plus difficile d'expliquer la dénomination de *cymbale ;* cependant on doit se rappeler qu'au dix-septième siècle ce terme désignait non pas l'instrument auquel nous donnons aujourd'hui ce nom, mais un autre instrument de percussion à peu près

---

[1] Il est permis de croire que c'est ce jeu qui a donné naissance à l'expression *boire à tire-larigot*, que l'on explique du reste de quantité d'autres manières. On en parle ici parce que cette locution de la langue des buveurs prouverait la présence du larigot dans l'orgue à une époque fort ancienne, et pour le moins au XVe siècle.

[2] Il ne faut pas trouver de ridicule dans la naïveté de ce rapprochement. Le fréquent emploi d'expressions semblables est, à mon sens, l'un des charmes de la langue française au XVIe siècle.

semblable à notre *triangle*, et qui, comme celui-ci, se tenait d'une main au moyen d'un fil ou d'un anneau, mais qui avait de plus d'autres anneaux passés dans le corps de l'instrument et qui venaient naturellement se fixer à sa base où ils étaient agités et promenés au moyen d'une verge de fer tenue de l'autre main. La cymbale ainsi conçue servait souvent d'accompagnement à la vielle. Ne serait-il pas possible que l'analogie entre les tuyaux et les anneaux comme aussi le rôle particulier de la cymbale qui, dans l'orgue, ne marche jamais sans les fonds, ait amené une dénomination qui semble étrange au premier aspect?

Le timbre du jeu de *cornet* se rapproche bien plus de celui des tuyaux à anches que de celui des flûtes dont il se compose. C'est cette raison sans doute qui lui a fait donner le nom qu'il porte.

La *bombarde* est chez les anciens auteurs une grosse pièce d'artillerie ayant une ouverture très-large et dont la détonation était fort éclatante. On voit que l'application de ce terme ne manque pas ici d'exactitude, puisque dans l'orgue la bombarde a ses tuyaux de forme conique et de tous les jeux est le plus retentissant.

Le mot *cromorne* vient de l'allemand *krumm horn*, cor courbe ou tortu ; il désignait un instrument peu différent de celui qu'en français on appelait *tourne-bout*. Le cromorne était la basse du hautbois, et l'usage s'en est conservé jusqu'à la fin du siècle passé, mais il était peu à peu devenu fort rare. Il n'est pas douteux que le cromorne de l'orgue en soit une imitation , bien que les tuyaux qui en produisent le son aient toujours été cylindriques et sans aucune déviation.

La *voix humaine* a en effet quelque analogie avec notre organe vocal, mais en supposant celui-ci d'une bien mauvaise qualité. On sait que les sons de ce jeu qui se rapprochent plus du bêlement de la chèvre que de la voix de l'homme *chevrottent* davantage encore par leur union avec le *tremblant* que l'on joint d'ordinaire à la voix humaine.

Les jeux dont nous avons ici donné une idée, sont les principaux, surtout dans les orgues de France, du moins dans les orgues généralement connues ; divers autres jeux imaginés par les facteurs, et auxquels ils ont donné des noms de fantaisie, se rapprochent plus ou moins des précédents.

SECTION II.

Précis sur l'histoire de l'orgue.

D'après ce qui vient d'être dit, il est aisé de reconnaître que l'orgue est moins un instrument qu'une réunion d'instruments, et même d'instruments dont l'effet et la puissance sont tels qu'ils ne peuvent être mis en jeu qu'au moyen de la mécanique, les poumons de l'homme étant insuffisants pour faire parler des tubes d'une grande dimension

C'est précisément de l'assemblage qu'il représente que lui est venu son nom.

Le mot grec Ὄργανον désigne en général un *outil*, un *instrument*, une *machine*, un *ouvrage*; il a aussi le même sens que notre mot *organe*; mais, sans être accompagné d'aucune épithète qui en caractérise ou modifie le sens, il désigne les instruments de musique en général et plus spécialement les instruments à vent. Les Latins en faisant passer ce mot dans leur langue lui ont donné le même sens que les Grecs, et les modernes les ont imités pendant tout le moyen âge. Ce n'est qu'au moment où l'orgue, tel que nous le concevons aujourd'hui, avait acquis une certaine importance, que le nom qu'il porte lui a été dévolu sans partage[1].

[1] Le mot *orgue* offre en français une singularité grammaticale qui mérite d'être signalée. On l'a fait, au singulier, tantôt féminin, tantôt masculin : l'ancien *Dictionnaire de l'Académie* voulait qu'il fût toujours féminin, au singulier comme au pluriel; le nouveau *Dictionnaire* (édition de 1836) le dit masculin au singulier, féminin au pluriel; c'était aussi l'opinion de Richelet, qui toutefois permettait de le faire des deux genres au singulier. Selon Furetière, l'usage de faire orgue masculin avait vieilli. Apparemment cet usage a rajeuni, comme semble l'indiquer la décision nouvelle de l'Académie, dont au reste on ne saurait, pas plus que par le passé, garantir la stabilité. Quant à nous, musiciens, nous faisons presque tous *orgue* masculin aux deux nombres, et peut-être devrait-on nous imiter, car si notre langage n'est pas ici conforme aux habitudes académiques, il l'est à celles de la grammaire française et du bon sens.

L'*organiste* est, comme l'on sait, celui qui *touche* ou *joue* de l'orgue; l'*organier* est celui qui le fabrique. La terminaison *iste* indique la profession, comme la finale *ier* indique le métier. Les mots *pianiste*, *violoniste*, *flûtiste*, etc., introduits pour la première fois dans le *Dictionnaire des musiciens* de Fayolle (1809), étaient à peine connus il y a vingt ans; ils sont aujourd'hui d'un usage général, et l'Académie a dû les admettre. Il en sera de même des mots non moins utiles *pianier*, *violonier*, *flûtier*, etc. N'est-il pas ridicule, par exemple, d'appeler *luthier* un facteur de

Il existait cependant depuis plusieurs siècles, et nous retrouvons ses premiers rudiments chez tous les peuples qui ont eu l'idée de rapprocher les uns des autres plusieurs tuyaux de longueurs différentes : ainsi le pipeau ou flûte de Pan, dont l'usage, encore existant chez presque tous les peuples, va se perdre dans la nuit des temps, offre l'élément principal de l'orgue, l'idée mère qui a réellement donné lieu à sa création. L'idée secondaire fut celle de recueillir l'air dans un récipient et de l'y conserver avant qu'il s'introduisît dans les tubes ; la cornemuse paraît avoir été la première mise en pratique de cette méthode ; on s'aperçut ensuite que l'on pouvait remplacer le souffle du poumon par l'air artificiel d'un soufflet : dès lors l'orgue fut constitué, et l'on n'eut plus qu'à chercher les moyens d'obtenir des tuyaux produisant des sons différents, non plus seulement sous le point de vue de la tonalité, mais aussi sous celui du timbre.

Ces idées générales dominent, comme on le verra, tout ce qui va suivre.

Lorsque les instruments à vent eurent été inventés, leur progrès se fit en deux sens différents. D'une part on reconnut que sur la longueur d'un tube unique, des trous susceptibles d'être bouchés avec les doigts produisaient un effet analogue

clarinettes qui n'a fabriqué et ne fabriquera un seul *luth* de sa vie ? Sans doute il faut être sobre et réservé dans l'adoption de mots nouveaux, mais il serait absurde de se priver de termes nécessaires, commodes et régulièrement formés, parce qu'ils ne sont pas encore universellement admis dans la circulation. L'Académie est là pour les enregistrer.

à la présence de tubes plus courts ; il en résulta
toute une famille d'instruments que l'on appela
dans l'antiquité du nom générique Αὐλὸς correspondant à peu près à notre mot *flûte*. D'un autre côté
le système des tubes monophones ayant été combiné avec la mécanique qui facilitait l'emploi d'un
grand nombre de ces tubes, il en naquit une famille
d'instruments dont, comme on vient de le dire, le
primitif fut le pipeau, porté par des additions et
des combinaisons successives à l'étonnante puissance et à la haute perfection de l'orgue.

Une description assez exacte de celui-ci que nous
fournit une épigramme grecque du IVme siècle, une
pièce latine de la même époque où l'on a eu l'idée
bizarre de figurer par la longueur croissante des
vers une série de tuyaux de plus en plus longs, et
même un passage de Héron d'Alexandrie, qui vi-
vait cent vingt ans avant l'ère vulgaire, nous apprennent que l'orgue a été connu dans l'antiquité,
et ne laissent même aucun doute à cet égard. D'ailleurs, on le voit sculpté sur plusieurs monuments
de l'époque gréco-romaine, et non-seulement en
Europe [1], mais encore dans l'Asie-Mineure ; cependant, comme on l'a vu, ce serait une grave erreur
de penser que les mots *organum* ou *organa* dési-
gnassent les *orgues* dans l'acception aujourd'hui

---

1 Pour ne pas sortir de France, nous indiquerons des sculptures qui
se trouvent dans les ruines de construction romaine aux environs d'Ar-
les. M. J.-B. Laurens, de Montpellier, ayant remarqué ces précieux dé-
bris d'antiquité, en a relevé le dessin qu'il a eu la bonté de m'envoyer.

reçue ; ces termes avaient une signification beaucoup plus générale.

Assez souvent on a divisé les orgues en *hydrauliques* et *pneumatiques*. Les premières étaient, disait-on,
celles où les soufflets se trouvaient mis en mouvement au moyen d'une chute d'eau, et les secondes
celles où ils agissaient, mus par la force de l'homme.
On n'avait pas considéré que, dans l'un et l'autre cas,
l'accident extérieur était indifférent ; l'eau n'étant
ici qu'un agent secondaire, c'était toujours l'air
parti des soufflets et introduit dans les tubes qui
faisait parler ceux-ci, et par conséquent l'orgue
était toujours *pneumatique*.

Ce n'est pas qu'il ne soit possible de construire
un orgue purement hydraulique ; cette vérité a été
bien reconnue à une époque toute moderne. M. Cagnard de La Tour, l'un des plus savants acousticiens de l'époque[1], a observé le premier que des
flûtes et des anches pouvaient résonner dans l'eau
en ayant un courant de même nature pour principe
sonore.

Il n'est du reste aucunement vraisemblable que
les anciens, et moins encore les auteurs du moyen

[1] On sait que M. C. de la Tour est auteur de ce merveilleux instrument d'acoustique qui sert à mesurer directement le nombre de vibrations que produit un son quelconque dans un temps donné ; il a ainsi
doté la science d'un véritable *phonomètre* ou *mètre sonore*.

Cette précieuse machine, qui d'ordinaire est mise en jeu par le souffle
même qui produit le son dans l'air, donne naissance au même phénomène dans l'eau si elle est mise en jeu par un courant de ce même
liquide. C'est pour cette raison que son inventeur l'a nommée *sirène
acoustique*.

âge, aient eu la moindre idée de ce phénomène, et ce n'est point en ce sens qu'il faut expliquer certains passages relatifs à l'orgue dit hydraulique. On est plus fondé à penser que l'antiquité a connu l'effet de la vapeur d'eau bouillante qui, s'élançant avec violence dans des tubes implantés sur le couvercle d'un vase, pouvait amener des effets sonores plus ou moins importants, plus ou moins agréables. On expliquerait fort naturellement par ce moyen le fameux arbre sur lequel étaient perchés des oiseaux de plusieurs espèces faisant retentir les airs de leur ramage. Un vaisseau rempli d'eau bouillante placé dans le tronc et surmonté de tubes simulant les branches et aboutissant à chaque oiseau dévoilerait tout le mystère.

Au reste, tout ce qui concerne les orgues hydrauliques et les orgues pneumatiques dont les soufflets étaient mus par l'eau parait avoir été, jusqu'à ce jour, assez mal interprété. Archimède aurait été, dit-on, l'inventeur de ces derniers. Ceux qui lui ont fait cet honneur n'ont sans doute voulu parler que de l'invention mécanique, ou tout au plus de l'application du vent artificiel, substitué en cette occasion aux poumons de l'homme.

L'invention des soufflets parait bien antérieure au célèbre mathématicien de Syracuse, et il est évident que l'orgue à soufflets simples a dû exister le premier. On a fait des moulins à bras avant d'en construire à eau et à vent.

Les premiers jeux d'orgues furent-ils des flûtes

ou des anches? le premier sentiment est le plus probable; toutefois il faut remarquer que les Chinois connaissent depuis la plus haute antiquité les jeux d'anches, et, ce qui étonne le plus, d'anches libres, dont on a parlé quelquefois comme d'une invention fort moderne.

Quoi qu'il en soit, je viens d'indiquer qu'au IVe siècle de notre ère les caractères de l'instrument étaient assez marqués pour nous faire concevoir qu'il avait dès lors une notable importance; il ne faut pas cependant s'abuser au point de croire qu'il ait été de grande dimension et comparable aux buffets de nos églises, même à ceux que nous trouvons fort petits; selon toute apparence, il n'y avait alors dans les orgues qu'un jeu unique. Nous voyons aussi l'orgue à soufflets mentionné au Ve siècle par saint Augustin.

Malgré cette antériorité incontestable, quelques auteurs ont mal à propos fait honneur de sa découverte à l'empereur Théophile, ce qui en reculerait l'invention au IXe siècle.

Du reste, il y a tout lieu de croire que l'usage, qui n'en avait jamais été fort commun, se perdit généralement lors de l'invasion des Barbares. A la vérité, Zarlino parle d'un orgue dont il possédait le sommier, provenant, dit-il, d'un monastère de la ville de Grado, saccagée vers la fin du VIe siècle; mais est-il bien sûr que ce sommier fût aussi ancien que le pensait son possesseur? On a aussi prétendu que l'orgue était passé de Grèce en

Hongrie, et s'était de là répandu en Allemagne, ce que l'on s'efforçait de prouver par la présence à Munich d'un prétendu orgue à tuyaux de buis et d'une seule pièce : si jamais cet orgue a existé, il devait être de très-petite dimension, mais, rien de moins vraisemblable qu'un pareil conte dont on s'est moqué avec raison.

L'opinion qui place vers le milieu du VIII° siècle l'époque où l'on vit pour la première fois un orgue dans nos contrées est moins inacceptable ; Constantin Copronyme aurait envoyé à Pépin le Bref un instrument de ce genre placé à Compiègne [1] lors de sa reception ; mais, comme on l'a remarqué, le passage qui fournit ce renseignement peut fort bien s'entendre d'instruments divers envoyés à Pépin par l'empereur d'Orient. On sait plus positivement que, vers 812, Constantin Curopalate adressa un autre orgue à Charlemagne, et cette circonstance, qui fait des orgues d'alors des présents de souverain à souverain, semble en prouver la rareté ou bien indiquer leur récente invention. Nous voyons un peu plus tard, sous Louis le Débonnaire, un prêtre vénitien établir un orgue hydraulique dans le palais de l'empereur, à Aix-la-Chapelle. A la même époque, il existe un orgue à soufflets dans l'église de la même ville ; c'est la première occasion où l'on trouve positivement l'orgue employé dans le culte chrétien.

[1] Ceux qui visiteront Compiègne n'y trouveront pas l'orgue envoyé à Pépin le Bref, mais ils pourront y voir un bon instrument de moyenne dimension, entièrement relevé et reconstruit par MM. Cavaillé.

Ce prêtre de Venise, nommé Georges (car c'est à tort, selon toute apparence, que certains auteurs l'appellent Grégoire), pourrait bien avoir été Grec de nation ou d'origine, ou bien encore avoir séjourné soit à Constantinople, soit dans quelque ville de l'empire où il avait observé des orgues et appris à en construire. Quoi qu'il en soit, à son tour il forma des élèves, et dès ce temps les orgues à soufflets fabriqués en Allemagne acquirent une certaine réputation, puisque trente ou quarante ans après la mort de Louis le Débonnaire nous voyons le pape Jean VIII, mort en 882, prier Amon ou Hannon, évêque de Frisingue, dans la Haute Bavière, de lui envoyer un bon orgue avec un homme capable de le bien gouverner. On peut croire, d'après cela, que l'orgue avait jusqu'alors été inconnu en Italie.

Mais il paraît qu'environ un siècle après, la facture y avait fait de grands progrès ; des moines de différents ordres se distinguèrent particulièrement par leur habileté en ce genre. En effet, vers l'an 986, Gérard, abbé d'Aurillac, en Auvergne, écrit à Gerbert, habile mathématicien, et son ancien élève, qui fut depuis le pape Sylvestre II, pour en obtenir un orgue ; son successeur renouvelle cette demande et y ajoute celle d'un religieux qui se chargerait de sa pose et de son entretien. Il est bon de remarquer que l'on a prétendu que les orgues construites par Gerbert ou par ses ordres, étaient hydrauliques.

En négligeant quelques renseignements obscurs

ou incertains, ce n'est qu'au XIIe siècle que l'on rencontre en France un orgue bien caractérisé; il se trouvait dans l'abbaye de Fécamp. On en lit une courte description dans une lettre de Baudry, archevêque de Dol, qui même en prend la défense contre certaines gens, dit dom Bedos, qui n'étant pas en état de se procurer de semblables instruments trouvaient à redire qu'on en eût introduit l'emploi dans les églises.

L'usage de l'orgue paraît avoir existé en Angleterre dès le Xe siècle où l'on voit un orgue considérable placé dans l'église cathédrale et abbatiale de Winchester, d'autres disent de Westminster. A la même époque, l'on construit un orgue à tuyaux de cuivre, dans le couvent de Ramsey, il est inauguré par saint Oswald, évêque d'Yorck.

Les documents qui viennent d'être recueillis nous donnent une idée suffisamment exacte des temps où les orgues se répandirent dans notre Occident et s'introduisirent dans nos églises; mais ils ne nous font point connaître de quelles parties l'orgue était composé dans ses commencements, comment de nouvelles parties sont venues successivement s'ajouter à la construction primitive, enfin par quels degrés et par quelles voies l'instrument s'est élevé à la perfection où nous le voyons aujourd'hui et quels ont été les facteurs qui ont contribué à ses accroissements.

Dans le principe, les tuyaux, alors fort petits, ont dû être de bois et d'un seul morceau, c'est-à-dire formés, comme les flûtes primitives, de roseau, sureau ou autre bois susceptible d'être facilement évidé ou creusé ; les Chinois ne connaissent encore aujourd'hui, pour les instruments qui exigent l'emploi d'un tube, que l'usage du bambou qui est pour ces peuples une si précieuse ressource. Plus tard on employa différents métaux. On cite aussi des tuyaux de verre, d'albâtre, de carton et même de carte. On s'est arrêté d'une part au bois et de l'autre au plomb et à l'étain, comme étant moins chers et plus faciles à travailler.

Dans l'antiquité même, il paraît que les simples tubes de bois naturel furent promptement abandonnés, et que l'on fabriqua les tuyaux d'orgue en cuivre ou peut-être en airain, c'est-à-dire en les composant d'un mélange à base de cuivre avec parties de laiton et d'étain. Ces anciens tuyaux étaient-ils battus ou laminés, puis roulés et soudés, ou bien jetés en fonte ; c'est ce que l'on ignore absolument.

Nous ne savons pas davantage quels jeux entraient dans la composition des anciennes orgues, car il ne faut pas tenir grand compte des exagérations du moine de Saint-Gall qui prétend que l'orgue envoyé à Charlemagne imitait les mugissements du tonnerre et en même temps égalait par sa douceur la lyre et les cymbales ; il ne me semble pas même qu'on puisse s'autoriser de ce passage pour affirmer que l'instrument ait dès lors possédé plusieurs jeux. Serait-il plus sage de s'en rapporter à Valafride Strabon racontant que l'orgue de Louis le Débonnaire avait une harmonie si ravissante qu'une femme perdit la vie dans les transports qu'excitèrent en elle des sons si délicieux?

On sait d'une manière un peu plus positive que l'orgue de l'abbaye de Winchester était au Xe siècle composé de quatre cents tuyaux. Durant les siècles suivants, il dut s'opérer beaucoup de perfectionnements dont il n'a pas été possible jusqu'à présent de déterminer l'ordre et la succession. En effet, au XVe siècle il commence à être question des trente-deux, des seize, des huit, des quatre pieds, du nasard, de la fourniture, de la trompette, de la voix humaine ; on invente aussi le *tremblant* dont je n'ai pas parlé plus haut, parce que ce n'est pas, à vrai dire, un jeu spécial, mais une simple soupape placée dans le grand portevent, et qui s'oppose au libre passage de l'air, d'où résulte qu'il n'arrive aux tuyaux que par oscillations. On se sert du tremblant pour jouer la voix humaine et on l'applique quelquefois aux jeux de flûte.

Le jeu d'anches le plus ancien paraît avoir été la *régale* que l'on retrouve encore dans certaines orgues de chambre qui n'occupent pas plus d'espace que les petites orgues expressives de nos jours. Le cromorne et le autres jeux l'ont suivie d'assez près. Notez que ces jeux étaient tous des imitations d'instruments existants ; mais, comme on doit le penser, ils étaient d'une grande imperfection et de peu d'étendue.

Ce qui est à remarquer, c'est que dès une époque fort reculée les orgues faisaient harmonie, chaque jeu formant toujours un accord sur chaque note c'est-à-dire la note la plus grave étant surmontée de sa quinte, de son octave, de sa dixième, etc.; l'orgue était *double*, *triple*, *quadruple*, *etc.*, selon le nombre de tuyaux qu'avait chacune des notes de chacun des jeux. Les jeux de mutation et les fournitures sont un reste de cet usage, dont on trouve la preuve dans le document fort singulier fourni par l'obituaire d'une des églises de Paris : il y est alloué une somme à répartir entre tant de chanteurs qui doivent former un *chant mélé*, chacun d'eux représentant un des tuyaux de l'orgue.

Lorsque des pas aussi marqués eurent été faits, les orgues se multiplièrent dans une proportion rapide et il s'en fabriqua de beaucoup d'espèces.

La soufflerie dut aussi se perfectionner ; l'orgue de Winchester qui vient d'être mentionné avait vingt-six soufflets et il ne fallait pas moins de soixante-dix hommes vigoureux pour les mettre en mouvement : comment pour faire parler quatre cents tuyaux avait-on besoin de vingt-six soufflets? comment pour mettre ceux-ci en branle soixante-dix hommes étaient-ils nécessaires? On ne saurait le dire, mais on en peut conclure que la structure et la disposition étaient encore des plus imparfaites. Ainsi pendant fort longtemps on n'eut point l'usage de charger les soufflets ; c'était souvent le poids de l'homme posant chaque pied sur un soufflet différent qui foulait l'un et relevait l'autre ; or il est aisé de comprendre que, surtout lorsqu'il y avait plusieurs couples de soufflets, le vent devait être fort inégal en raison de l'inégalité du poids de chaque homme. Au reste l'invention de l'*anémomètre* ou *manomètre* qui sert à mesurer avec exactitude le degré de compression de l'air ne date que de la fin du XVIIe siècle ; un organiste allemand nommé Christian Fœrner fit cette découverte en 1684 et publia un ouvrage sur ce sujet.

Le sommier, cette pièce d'une si haute importance dans l'ensemble de l'instrument, n'était pas moins imparfait. On ne pouvait distinguer les tons sans la présence des *soupapes*, et elles doivent dater à peu près de l'origine de l'instrument ; mais l'on fut fort longtemps à connaître les *registres*, en sorte que dans un orgue, quelque considérable qu'il fût, les jeux parlaient d'abord tous à la fois. L'usage des registres se répandit vers le commencement du XVIIe siècle : cette découverte paraît appartenir à un moine de Würtzbourg ; un organier allemand nommé Timothée fut le premier à l'adopter.

L'imperfection des claviers se prolongea aussi pendant longtemps, mais leur invention doit être aussi ancienne que celle des soupapes : d'abord ils ne furent que diatoniques avec une octave d'étendue ; on les touchait alors d'une seule main, et lorsque dans des orgues considérables, dans celui de Winchester par exemple, l'on voulait que les jeux parlassent à plusieurs octaves, on employait deux organistes dont chacun selon l'expression du temps, touchait son *alphabet*. On sait que l'idée des tons de la gamme s'exprimait alors par des lettres dont même, en plusieurs cas, l'on fait encore usage aujourd'hui.

L'invention de l'harmonie dont l'usage se répandit de plus en plus fit augmenter le clavier du côté des basses, et dès-lors on commença de toucher des deux mains. Croirait-on que les premiers claviers, qui n'avaient que de neuf à treize touches, avaient un mètre quatre-vingt-trois centimètres de longueur, chaque touche ayant environ seize centimètres de largeur. On conçoit que des touches si massives étaient fort dures à baisser, aussi ne touchait-on l'orgue qu'à coups de poing. A mesure que l'on multiplia les touches on en diminua la largeur jusqu'à ce qu'enfin l'on en vint à toucher avec les doigts. Ce qui est fort étonnant, c'est qu'il exista des claviers chromatiques à une époque fort reculée. On les fait remonter jusqu'au XIIIe siècle, ce qui ne me paraît pas bien prouvé. Un musicien du nom de Bernhard, surnommé *l'Allemand*, établi à Venise, inventa le clavier de pédales ou *pédalier* vers 1470.

Il est aisé de concevoir qu'un instrument aussi étonnant que l'orgue ne soit parvenu qu'avec beaucoup de lenteur à l'état où nous le voyons : il est resté dans l'enfance pendant plusieurs siècles et, comme il arrive si souvent en pareilles circonstances, on ignore les noms des hommes utiles qui ont successivement perfectionné cette belle découverte. Sans parler d'Archimède, de Ctesibius, de Héron d'Alexandrie, qui paraissent d'après les anciens livres avoir posé certains principes sur l'introduction de l'air ou de la vapeur dans les tubes sonores, nous voyons le prêtre Georges, envoyé au fils de Charlemagne, donner aux Allemands l'idée de la fabrication des orgues; mais pendant plus de cinq cents ans l'on ne retrouve plus d'organier célèbre. On a conservé le nom de celui qui en 1361 construisit l'orgue d'Halberstadt, c'était un prêtre nommé Fabri, et de celui qui le répara en 1495, il se nommait Grégoire Kleng. Ces deux noms ont été retrouvés dans une ancienne inscription, et quelques recherches bien faites dans les archives des églises et ailleurs pourraient amener la découverte de beaucoup de noms d'organiers recommandables et même la connaissance positive des perfectionnements qu'ils ont introduits. Nous venons de nommer l'inventeur des registres, et celui qui découvrit le clavier de pédales, appliqué pour la première fois à S. Salvatore à Venise. Ce même clavier fut augmenté au grave par Henri Traxdorf en 1475. Dix-huit ans plus tard, Conrad Rosenburger, de Nuremberg, l'un des célèbres facteurs de son temps, lui fit encore de nouvelles additions au grave et à l'aigu, augmentant aussi d'une octave le clavier des mains; cette augmentation lui fit de plus accroître la dimension des soufflets : ils avaient alors environ 1ᵐ,50 de longueur sur 0,70 de largeur.

Avant ceux-ci Erhart Smid de Peyssemberg en Bavière, était, en 1433, exempté par le duc Ernst de toute espèce d'impositions et contributions en raison de son habileté à construire les orgues. André, qui établit, en 1456, un grand instrument de ce genre, à Brunswick, jouissait aussi d'une grande célébrité qu'il partageait avec Etienne Castendorfer de Breslaw ; ce dernier construisait, en 1466, un orgue dans cette ville, qui en possédait déjà deux.

On cite encore avec éloges Frédérik Krebs, Nicolas Müller, Rodolphe Agricola, Henri Kranz, Jean Thomas, Christian Müller, auteur du fameux orgue de Harlem, etc.

Comme on le voit tous ces facteurs étaient Allemands. Mais, à partir du XVIᵉ siècle, on trouve en Italie des familles d'organiers célèbres dont la postérité continue pendant une longue suite d'années de fabriquer des instruments qui, aujourd'hui, paraissent encore remarquables.

François-Barthélemy Antegnati commence à Brescia, vers la fin de ce même siècle, une réputation que ses fils et petits-fils Costanzo et Graziadei soutiennent avec honneur : à eux sont dus les principaux orgues de l'Italie-Nord. Les jeux y sont peu nombreux ; ils se réduisent à des flûtes, des bourdons et des voix humaines, mais l'harmonie en est pleine de douceur et de charme. Les Serassi de Bergame, qui tiennent ensuite le premier rang, se

vantent d'avoir eu pour maîtres les Antegnati.
C'est l'un des Serassi qui a eu l'idée de rendre mobiles à la fois la totalité des registres au moyen du
tiratutto; le même organier a cherché à imiter les
sons de la clarinette, du violoncelle, des timba-
les, etc. Son fils Joseph est le premier qui ait
réussi à faire parler des tuyaux ou même des orgues
complets placés à une grande distance du clavier
où se tient l'organiste[1]. On cite encore, parmi les
célèbres organiers italiens, les Tronci et les Agati
de Pistoie, Ramai de Sienne, Biroldi, Azzolino,
l'abbé Nanchini et son élève Callido.

L'Allemagne n'oubliait pas qu'elle avait dès les
premiers progrès de l'orgue en Europe, fourni d'habiles facteurs ; et les Pays-Bas pouvaient également
se glorifier de plusieurs organiers habiles. Le jé-
suite flamand Guillaume Hermann allait dans la
Lombardie construire, en 1650, l'orgue de Côme.

[1] Il montra une grande preuve de son habileté en ce genre, dans la
construction des orgues de l'église de Saint-Alexandre à Bergame, qu'il
acheva en 1782. Comme elles sont peu connues et offrent une particula-
rité intéressante, j'essaierai d'en donner ici une idée. L'orgue placé à la
droite du chœur, du côté de l'épitre, a trois claviers; le clavier supérieur
sert pour le grand orgue, le second pour un orgue d'*écho* placé dans
l'intérieur du précédent ; quant au clavier inférieur, il sert à faire parler
un autre grand orgue placé vis-à-vis, du côté de l'évangile, et semblable
au premier. Des ressorts et leviers qui passent sous terre et dont le développement n'a pas moins de trente mètres, impriment le mouvement
aux soupapes, sans qu'il y ait de retard sensible dans l'audition des sons,
car les deux orgues peuvent se jouer ensemble et s'unir encore au positif
ou orgue d'écho. Ce grand instrument a naturellement un *tiratutto*,
et l'on cite la beauté de son plein-jeu; les registres y sont d'ailleurs en
très-grand nombre et l'harmonie en est fort satisfaisante.

Les Scheibe, les Silbermann, les Wagner, les Schrœ-
ter, les Marx, les Gabler [1], les Taucher, établis-
saient des orgues remarquables dans plusieurs cités
des provinces germaniques. Tous ces facteurs mul-
tipliaient les jeux et en augmentaient la puissance
sans toutefois rien changer au fond ni même à la
forme. Mais à la fin du siècle passé, l'abbé Vogler,
l'un des plus laborieux musiciens qui aient existé,
proposa un système entier pour la construction des
orgues ; il consistait en somme à combiner les
jeux principaux de la manière usitée pour la
fourniture et les autres jeux formés de plusieurs
tuyaux aliquotes les uns des autres, et dont l'ensemble produit une seule et même note; mais
Vogler opérait en sens inverse. S'appuyant sur les
opinions de Tartini, qui fait naître la tonique de la
résonnance simultanée de la tierce et de la quinte,
il établit un système de construction analogue dans

[1] Gabler est auteur du célèbre orgue de Weingarthen en Souabe qui
fut achevé le 24 juin 1750. Cet immense instrument dont on peut voir
la description dans dom Bedos (n° 1259, page 470 et planche LXXII:
a quatre claviers entiers et deux claviers de pédales; ils contiennent
chacun 12 jeux à l'exception du second clavier de pédales qui n'en a
que 6. Les deux premiers claviers des mains ont chacun 1111 tuyaux;
le troisième en a 1666. le quatrième 2222; la première pédale 260, la
seconde 296: total des tuyaux 6666. Les registres sont au nombre de
66. On croirait que plusieurs de ces nombres sont cabalistiques. Parmi
les jeux on trouve, des cloches et carillons, des cymbales d'orchestre, le
rossignol, le coucou, un jeu que dom Bedos appelle *la force*, etc. Les
deux claviers de pédales peuvent s'accrocher ensemble, ainsi qu'au premier clavier. La magnificence du buffet, auquel cependant un goût sé-
vère pourrait trouver à redire, répond toutefois convenablement aux
vastes proportions de ce grand instrument.

lequel les gros tuyaux étaient naturellement fort peu nombreux; cette disposition offrait, en conséquence, une grande économie; mais les orgues construites d'après un tel principe ne pouvaient être bonnes, et l'idée en fut promptement abandonnée.

Des perfectionnements partiels, et qui n'avaient pas eu comme le système de Vogler l'inconvénient de bouleverser toutes les idées reçues, eurent lieu en France et en Angleterre pendant les dix-septième et dix-huitième siècles. Les principales orgues de cette époque paraissent avoir été constamment construites d'après un même système. A Paris, les familles Thierry et Clicquot, cette dernière surtout, établit quantité d'instruments dont plusieurs sont du premier ordre ; dans ceux qui subsistent encore, il se trouve souvent certains jeux qui possèdent une qualité de sons difficile à obtenir aujourd'hui malgré l'amélioration de beaucoup de procédés. C'est à François Clicquot que l'on doit l'introduction dans l'orgue du jeu de hautbois, le rejet des tuyaux en plomb et de notables améliorations dans plusieurs parties du mécanisme ; ce fut lui qui abolit les claviers défectifs et voulut que les gammes chromatiques fussent complètes au clavier des pédales ainsi qu'aux claviers des mains. Dallery, Micot, Cochu, les dominicains Isnard et Joseph Cavaillé[1] et beaucoup d'autres dont les noms sont oubliés ou négligés, jouissaient en France d'une juste réputation pendant le dix huitième siècle. On peut

[1] Grand-oncle de nos contemporains, auteurs de l'orgue de saint Denis.

dire que c'est aussi en ce pays que la science de l'organier a été fixée et arrêtée sur des bases inattaquables, par l'excellent et vaste Traité du bénédictin dom Bedos de Celles, intitulé l'*Art du facteur d'orgues*, publié de 1766 à 1778[1]. Cet ouvrage, composé pour le recueil des *Arts et Métiers*, que publiait l'Académie des Sciences, offre un travail si clair, si complet, si consciencieux, qu'il semble au-dessus de tout éloge. On ne craint pas de le dire, quiconque à l'avenir voudra traiter la même matière ne pourra que copier dom Bedos, en se bornant à l'addition des découvertes qui ont été faites depuis le temps où ce savant religieux ajoutait encore à l'illustration de son ordre, si justement célèbre par les services qu'il a rendus aux sciences, aux arts et aux belles-lettres.

Les troubles politiques arrêtèrent en France, pendant près de quarante années, le mouvement de la fabrication des orgues ; on se contenta de réparer avec assez de soin les anciens instruments, toujours d'après les principes établis, et sans s'occuper d'aucun essai, d'aucune innovation. Sous ce rapport, la même période avait été plus fructueuse en Angleterre.

Déjà l'on possédait d'excellents instruments dus principalement à Bernard Schmidt, facteur allemand d'un grand mérite, auteur de l'orgue de Saint-Paul de Londres et de plusieurs autres qui bien que fort

---

[1] En quatre parties formant une seule série in-folio de xxxvj et 676 pages, avec 137 planches.

anciens passent encore aujourd'hui pour les meilleurs de l'Angleterre. Schmidt est le Clicquot de ce pays.

La construction de machines de tout genre, portée à un si haut point de perfection chez les Anglais, avait fait réfléchir sur le mécanisme des orgues dont, il faut l'avouer, toutes les parties, d'une solidité parfaite d'ailleurs, étaient encore lourdes, massives, compliquées de beaucoup de détails inutiles ; en sorte que bien souvent l'organiste à son clavier entendait autant le bruit des parties que l'abaissement des touches mettait en mouvement, que l'effet de l'instrument, mais c'était là un défaut dont le public n'avait pas connaissance. Les organiers anglais surent remédier à ces inconvénients en prenant pour modèle les admirables machines en usage pour certaines industries, et ils parvinrent à laisser une grande liberté d'action à des pièces dont ils diminuèrent le volume ; il résulta de cette circonstance un immense avantage pour l'exécution, en ce qu'il ne fut plus nécessaire de donner un grand enfoncement aux touches pour faire ouvrir les soupapes et parler les tuyaux ; enfin, la construction des soufflets fut aussi perfectionnée, et c'est en Angleterre que l'on réussit à faire une heureuse application des soufflets dits *à lanterne*, dont la table supérieure s'élève dans toute sa surface, et qui donnèrent naissance aux soufflets *à réservoirs* et à *plis renversés* aujourd'hui généralement en usage. Leur invention ou, pour parler avec plus d'exac-

titude, leur perfectionnement date du commencement du siècle et appartient à un horloger mécanicien nommé Cummins qui construisait de petites
orgues d'ailleurs fort ordinaires. Cette découverte
appliquée ensuite par des facteurs plus habiles a
donné lieu à des instruments bien plus parfaits, en
assurant au moyen du système des réservoirs un
vent parfaitement égal, condition des plus essen-
tielles pour la justesse de l'accord, qui jusqu'alors
n'avait pu être obtenu par aucun système connu.
C'est ainsi que l'on voit souvent une invention première n'être appréciée que longtemps après sa création et lorsque la routine qui presque toujours a mis
obstacle à son développement s'en est elle-même
emparée, en oubliant, comme de raison, le nom de
son auteur.

Ces progrès étaient absolument inconnus en
France et même à Paris, où un seul organier, M. Callinet s'efforçait de maintenir la facture de l'orgue
au degré où Clicquot l'avait portée : peut être eût-il
pu rivaliser, du moins en quelques points, avec
cet habile constructeur, mais il n'eut point à établir d'instrument considérable ; tout se borna pour
lui à entretenir, réparer et compléter de vieux instruments, et plus tard à soutenir de la juste réputation que son nom avait acquise une Société dont il
s'est depuis séparé .

Un homme devenu immortel par les perfectionnements qui ont fait de ses pianos les meilleurs de
l'Europe, et par l'invention des harpes à double

mouvement, qui ont élargi d'une manière merveilleuse la carrière de ce noble instrument aujourd'hui si déplorablement abandonné, Sébastien Érard, chargé d'années, de gloire et de richesses dignement acquises, ne pensait encore qu'à de nouveaux perfectionnements. Il avait longtemps songé aux moyens de rendre l'orgue expressif, c'est-à-dire de lui procurer l'augmentation et la diminution du son, dont il est privé. Ayant, dans un de ses voyages à Londres, examiné les orgues de cette capitale, il en ramena un facteur des plus habiles, M. John Abbey, qui construisit pour lui, et en suivant en certains points ses indications, un instrument de petite dimension dont le principal et le plus intéressant avantage était d'offrir une modification des sons en raison de la pression des doigts sur le clavier. Cet orgue était aussi le premier de France auquel on avait fait l'application des soufflets à réservoirs que nous verrons bientôt se remontrer dans de plus grandes proportions. L'audition et l'examen de cet instrument causa, je ne crains pas de le dire, autant de surprise que d'admiration, non moins en raison des nouvelles combinaisons imaginées par Érard que par rapport à la perfection de toutes ses parties, tant pour l'effet que pour le mécanisme. M. Abbey ne tarda pas d'ouvrir lui-même des ateliers, et construisit des instruments dans lesquels, quoiqu'ils fussent de petite dimension[1], la plupart des perfectionnements sommai-

[1] Le premier orgue construit par M. Abbey en son propre nom à Paris, fut l'orgue d'accompagnement de Saint-Étienne-du-Mont, de-

rement indiqués il y a un instant se montraient
avec éclat. Aux yeux de tous les artistes aptes à
juger la question, M. Abbey fut dès lors placé au
premier rang parmi les facteurs de Paris. Il répara
plusieurs grands instruments dans la capitale et
dans la province où il en construisit aussi de nouveaux d'une assez grande dimension. C'est encore
lui qui le premier établit, pour être joués dans les
salons, de petits instruments d'une bonté remarquable et bien différents de la plupart de ceux dont
l'usage, trop souvent gâté et faussé par le mauvais
goût, est devenu fort commun. Tout le monde
sentit bien qu'en cette occasion le mieux à faire
était d'imiter, et la plupart des facteurs de Paris
s'empressèrent de prendre pour modèles les orgues
de M. Abbey.

Il ne faut pas omettre que, pendant les quinze
années de la Restauration, plusieurs efforts furent
tentés pour améliorer ce qui existait ; mais ces ten-
tatives étaient isolées et l'on n'en fit aucune application importante. Ainsi Sébastien Erard avait
imaginé un mécanisme destiné à ouvrir et fermer
progressivement la soupape par laquelle le vent

---

puis transporté à Saint-Roch. C'était aussi le premier, dans la capitale,
qui eut cette destination. Il avait été établi sur la demande de l'auteur
de ce Rapport, alors maître de chapelle de Saint-Étienne, où il a, en
1829, introduit l'usage aujourd'hui général d'accompagner, au moyen de
l'orgue, le plain-chant et la musique qui s'exécutent au chœur. M. Olivier,
alors curé de Saint-Étienne, et depuis évêque d'Évreux, favorisa de tout
son pouvoir cette heureuse innovation dont bien peu de personnes
étaient alors à même d'apprécier la bienfaisante influence.

s'introduit dans les tuyaux, en sorte que l'air s'y présentant en plus ou moins grande quantité, amenait une intensité graduée. D'autres s'étaient occupés de perfectionner le timbre de plusieurs jeux ; certaines améliorations avaient été introduites dans l'orgue de la cathédrale de Beauvais, dont M. Hamel, juge au tribunal civil de cette ville et amateur distingué, avait dirigé et surveillé les travaux.

Un autre point dont on s'était occupé surtout en France avait été de trouver les moyens de donner à l'orgue l'augmentation et la diminution d'intensité des sons, seul avantage essentiel dont il fût privé ; on l'avait obtenu facilement pour les jeux de petite dimension au moyen des *boîtes à jalousies* dans lesquelles se placent des jeux de récit tels que flûtes ou hautbois : les jalousies, en s'ouvrant, laissent le son se développer graduellement, et l'effet contraire s'obtient en les refermant ; cette opération se fait au moyen d'un ressort particulier tenu à la portée du pied de l'exécutant. Au reste, cette idée n'était pas neuve, car on a trouvé dans des orgues assez anciennes, certaines parties enfermées dans des caisses dont au moyen d'un ressort le couvercle s'ouvrait à la manière d'une trappe, laissant ainsi sortir le son progressivement et avec plus ou moins d'intensité.

C'est encore à un amateur, M. Grenié, que l'on doit les premiers essais de l'*anche libre* qui comme on l'a vu existait chez les Chinois dès une époque fort ancienne, mais qui n'avait jamais été appliquée aux orgues de l'Europe. L'anche libre diffère de l'anche ordinaire en ce qu'elle ne bat point comme celle-ci sur les côtés du bec qui la supporte ; on la laisse agir *librement* dans l'ouverture ou elle est fixée avec une grande précision et comme si elle y avait été découpée. C'est de cette idée que sont dérivés *l'éolodicon*, la *physharmonica*, *l'aérophone* et quantité d'autres instruments plus modernes.

M. Grenié avait observé que le son produit par cette anche était susceptible d'augmentation et de diminution au moyen de l'air plus ou moins comprimé et par conséquent susceptible d'*expression*. Ce principe sonore uni à une soufflerie dont l'air se comprime plus ou moins à l'air d'une paire de pédales que gouverne l'exécutant a constitué *l'orgue expressif* dont M. Achille Müller, élève de M. Grenié, a continué avec succès la construction. Les musiciens peuvent se rappeler les beaux effets des instruments de ce genre joués par le célèbre Sigismond Neukomm qui se plaît toujours à les faire entendre dans les sociétés d'élite qui ont le bonheur d'admirer ce talent si remarquable par la pureté, la grâce et l'élévation du style.

Toutes ces idées et quelques autres ont été depuis développées et améliorées par divers facteurs, mais en général elles ne paraissaient applicables qu'à un petit nombre de jeux et, sur les orgues de grande dimension, elles n'étaient que momentanément susceptibles d'être mises en œuvre.

SECTION III.

Orgue de Saint-Denis.

Tel était le point où se trouvait, en France, la facture des orgues, lorsque MM. Cavaillé père et fils, dont la famille s'était depuis longtemps acquis une grande réputation dans les départements méridionaux et dans la partie de l'Espagne qui avoisine la France par l'établissement et la réparation d'un grand nombre d'instruments, se mirent sur les rangs pour la construction de l'orgue de Saint-Denis[1]. Le

[1] Il ne serait pas tout à fait exact de dire que MM. Cavaillé *vinrent* pour concourir, car la présentation de leur projet au concours fut réellement l'effet du hasard. Ce fait est assez curieux pour être rapporté. M. Aristide Cavaillé s'était transporté à Paris pour prendre connaissance des orgues de la capitale, et surtout dans le but d'y étudier l'acoustique ; il était recommandé au respectable Lacroix, de l'Institut, qui le mit aussitôt en rapport avec M. le baron Cagnard de La Tour et avec ses collègues Savart et Prony. Il fut présenté à l'excellent Berton (mort le 22 avril 1844, doyen des compositeurs français), qui faisait partie de la commission nommée pour choisir entre les projets proposés pour l'orgue de Saint-Denis ; il engagea M. Aristide Cavaillé à se mettre sur les rangs. L'expiration du terme fixé pour la présentation des projets arrivait dans deux jours, et M. Aristide Cavaillé n'avait pas même vu l'église de Saint-Denis ; cependant, encouragé et animé par les conseils du vieux compositeur si bienveillant pour les jeunes gens et si enclin à aider à leurs succès, il se rendit immédiatement sur les lieux, et après avoir examiné la tribune, travaillant jour et nuit, et appuyant son projet par des calculs et des développements étendus, il parvint à le terminer dans le temps voulu. Autre embarras : ce projet devait être accompagné d'un devis, et M. Aristide Cavaillé n'en avait jamais fait : son père, sous la direction duquel il avait jusqu'alors travaillé, s'occupait de ce soin ; pas plus que pour le projet, il n'avait le temps de recevoir de Toulouse une réponse de sa famille et de s'entendre avec elle. Il vint pourtant à bout

gouvernement ayant, en 1834, décidé qu'une somme importante serait consacrée à cet usage, le ministre de l'intérieur [1] invita l'Institut à indiquer ce qu'il y aurait de mieux à faire pour obtenir un instrument aussi parfait que possible ; une commission fut donc nommée et l'on annonça un concours en faisant un appel à tous les organiers de France. MM. Pierre Érard, neveu de Sébastien, Abbey, Callinet, Dallery, et enfin Cavaillé père et fils entrèrent en lice : le projet de ces derniers fut adopté ; ils transportèrent leurs ateliers de Toulouse à Paris, et l'on ne tarda pas à se mettre à l'ouvrage. Quatre années s'écoulèrent avant que l'instrument pût être terminé ; des interruptions occasionnées par les réparations à faire à l'église avaient causé ce retard, mais pendant ce temps MM. Cavaillé avaient, outre plusieurs orgues en province, établi celui de Notre-Dame-de-Lorette, où, malgré la disposition extrêmement vicieuse de la localité, se montraient plusieurs perfectionnements remarquables, et notamment une soufflerie telle qu'il n'en existait encore nulle part.

Cependant la boiserie de l'orgue de Saint-Denis s'exécutait sur les dessins de M. Debret, architecte, chargé de la restauration générale de la basilique ;

de présenter le tout en temps utile, et la commission s'étant rassemblée, il eut le bonheur de voir ses plans approuvés et adoptés, et la construction de l'orgue de Saint-Denis adjugée après concours à MM. Cavaillé père et fils. M. Aristide Cavaillé n'avait alors que *vingt-deux* ans. Depuis ce moment, la direction de l'établissement lui a été confiée.

[1] Alors M. Thiers.

notre habile et savant collègue y faisait preuve de cet excellent goût qui se reconnaît à chaque instant dans l'immense travail auquel il a consacré la plus grande partie de sa vie. La richesse et la grâce du style gothique se montre au buffet d'orgue dans tout son éclat et parfaitement assortie aux exigences de l'instrument. (Voyez la planche placée au devant du titre.)

Une étude attentive de l'espace dont il pouvait disposer, comme aussi de celui que les sons de l'instrument devaient embrasser, eut bientôt rassuré M. Aristide Cavaillé [1] sur le plan qu'il avait conçu, et qui n'était que la suite de longues méditations sur son art ; il le modifia dans de certaines parties, comme il arrive souvent lorsque d'essais en essais on est conduit à des résultats de plus en plus satisfaisants.

Dès les premiers pas dans son système de perfectionnements, M. Aristide Cavaillé, partant de ce principe que tout homme qui chante ou joue des instruments à vent doit, avant tout, avoir les organes principaux, c'est-à-dire les poumons en rapport convenable avec les sons qu'il veut émettre, crut s'apercevoir que les orgues les mieux construi-

---

[1] Dans le cours de ce rapport, on a nommé le plus souvent M. Aristide Cavaillé, parce que c'est à lui personnellement que la médaille a été accordée, ce qui se devait, puisque le plan de l'orgue de Saint-Denis et les améliorations qu'il y a introduites lui appartiennent en propre ; mais il faut ajouter que la construction s'est faite avec la collaboration de monsieur son père et de M. Vincent Cavaillé, son frère aîné.

tes péchaient le plus souvent par insuffisance ou mauvaise distribution de l'air. C'est aussi sur ce point que se porta d'abord son attention.

De nombreuses particularités font de la soufflerie de Saint-Denis un ensemble absolument nouveau dans lequel, ainsi qu'on va le voir, des inconvénients depuis longtemps signalés sont corrigés de la manière la plus heureuse et la plus complète. Dans les anciens instruments, les soufflets ne différaient pas, quant à la construction, de ceux qu'on emploie dans les forges ; depuis quelque temps on leur avait substitué les soufflets *à lanterne* ou *à réservoir*, c'est-à-dire dont la table supérieure s'élevait parallèlement dans toute sa surface. Un défaut parfois assez notable reproché à ce système était l'inégalité de pression provenant de la forme et de la disposition des plis en bois qui composent les contours de ce genre de soufflets, dans lesquels la charge de la table mobile se trouvant augmentée de tout le poids des plis lors du développement de ceux-ci, la pression de l'air doit varier inévitablement. Outre ce défaut capital, les réservoirs étaient accompagnés de guides en coulisse dont le frottement irrégulier ajoutait encore à l'inégalité du vent.

M. Aristide Cavaillé a remédié à cette imperfection par l'application d'un système de parallélogrammes en fer, adapté à chaque réservoir, réglant le parallélisme des tables comprimantes et leur imprimant un mouvement uniforme sans frottement sensible. Un autre perfectionnement important a été imaginé par lui pour neutraliser l'effet de la pression additionnelle des plis au moyen d'un système de leviers qui les fait ouvrir simultanément, ce qui rend la pression du vent constante et maintient l'accord et l'équilibre des sons.

Nous avons déjà vu cet important problème résolu en Angleterre par Cummins : M. Aristide Cavaillé en avait trouvé par des moyens différents une autre solution, et il était arrivé aux mêmes résultats que le mécanicien anglais sans connaître les opérations de celui-ci.

L'un et l'autre système nous paraissent également bons ; peut-être eussions-nous donné la préférence à l'invention de notre compatriote si, avec une loyauté qui ne se rencontre pas toujours chez les inventeurs, M. Aristide Cavaillé ne fût entré avec nous dans des explications qui aboutissent à conclure en faveur du mécanisme de Cummins en raison de sa simplicité.

Mais en même temps une autre idée préoccupait notre habile facteur. Il lui avait toujours semblé que, même dans des orgues fort estimables d'ailleurs, certains sons étaient ternes, mats, sans accent, et qu'en général les ondes sonores de la basse étouffaient les sons amaigris et chétifs des dessus. Où en était la cause ? Comment pouvait-on remédier à une pareille inégalité ?

Ici quelques explications sont nécessaires : Il est facile à tout individu qui chante ou joue d'un in-

strument à vent, de se convaincre par lui-même
que les tons graves exigent beaucoup de vent de
faible pression, tandis que, au contraire, les tons
aigus en demandent peu, mais le veulent beaucoup
plus comprimé [1]. L'action et l'effort naturel des
muscles sur les poumons indiquent assez au chan-
teur et à l'instrumentiste qu'il ne saurait obtenir
les tons aigus sans comprimer davantage l'air au
moyen duquel l'organe résonne.

On voit d'après cela que, dans les séries tonales
que peuvent exprimer les voix et les instruments du
grave à l'aigu, le vent est plus ou moins comprimé,
la pression étant faible dans le bas et s'élevant
graduellement à une force toujours croissante jusqu'aux degrés les plus élevés.

Il est bien entendu que nous parlons ici d'une
série de tons homogènes, tant à l'égard de l'intensité que sous le rapport du timbre. En effet l'on
sait que les tons de la voix et des instruments à vent
sont susceptibles d'être produits à différents degrés
de force et par conséquent à diverses pressions de
vent ; c'est même de là que naissent les nuances
et l'expression ; toutefois il n'est pas impossible de
faire résonner tous les sons avec la même pression
de vent ; seulement les basses résonnant en ce cas,
dans leurs conditions naturelles, se trouvent trop

---

[1] Voyez dans l'excellent *Traité complet de l'art du chant*, par
M. Manuel GARCIA fils, l'indication de cette expérience sur la voix hu-
maine faite par cet habile professeur en présence de MM. Magendie,
Savary et Dutrochet, commissaires de l'Académie des Sciences.

fortes par rapport aux dessus, et la série cesse d'être homogène.

Tel est précisément le défaut capital de l'orgue tel qu'il avait été construit jusqu'ici : une même pression de vent s'étendait à toute l'étendue des claviers, d'où naissait une absence d'homogénéité que l'on pouvait croire inhérente à la complexion même de l'instrument.

L'étude sérieuse des phénomènes sonores dans les instruments à vent employés à l'orchestre comparés avec les jeux d'orgue qui les représentent démontra bientôt à M. Aristide Cavaillé que ceux-ci ne pourraient jamais être mis sur la ligne des instruments dont ils portent le nom tant que la soufflerie de l'orgue ne remplirait pas une fonction analogue à celle des poumons de l'instrumentiste. Or il est bon de savoir que notre petite *soufflerie humaine* comprime l'air quatre à cinq fois plus fort que les plus grands soufflets d'orgues ; voilà précisément pourquoi les instruments à vent résonnant par le poumon de l'homme ont une intensité infiniment supérieure à celles des jeux homonymes de l'orgue. Il en est à cet égard des effets sonores comme des effets mécaniques, leur produit étant toujours en rapport avec la force motrice qui leur a donné naissance.

Ces faits bien observés, on voit que pour résoudre la question et donner à l'orgue l'intensité graduelle qui lui manquait, il fallait obtenir un système de soufflerie à pressions variées et mettre ces pressions différentes en rapport avec le timbre et l'intensité des instruments qu'ils représentent en différenciant par périodes d'octaves et graduellement du grave à l'aigu le vent qui arrive des soufflets aux tuyaux.

Ce problème d'une soufflerie à pressions différentes a été résolu dans l'orgue de Saint-Denis, de la manière la plus heureuse et la plus simple, au moyen d'une série de réservoirs superposés en nombre égal à celui des pressions qu'on veut obtenir ; réunis par des conduits élastiques munis de soupapes régulatrices, ces réservoirs s'alimentent simultanément entre eux, sans que la pression du vent assignée à chacun puisse en aucune manière être altérée et sans que le vent puisse, isolément, faire défaut à aucun d'eux tant que le réservoir alimentaire auquel la machine soufflante est appliquée en contient. « L'efficacité des soupapes régulatrices, dit à ce sujet le procès-verbal de réception[1], a été constatée directement par l'application d'un manomètre à eau à l'un des réservoirs à air, et l'on a pu acquérir la certitude que cet important problème, dont la solution assure la justesse d'intonation d'un grand nombre de tuyaux, avait été complétement résolu. »

D'après ce qui vient d'être dit, il est aisé de comprendre que le nouveau système de soufflerie

----

[1] *Procès-verbal de réception du grand orgue de l'église royale de Saint-Denis*, p. 2. Voyez les noms des commissaires, p. 89.

ou, mieux encore, cette manière nouvelle d'alimenter les jeux a dû conduire à des perfectionnements nombreux dans toutes les autres parties de l'instrument et à une amélioration générale de l'ensemble qui fera désormais de chaque orgue construit d'après ce principe une œuvre tout-à-fait à part.

En descendant aux détails de la construction, nous trouverions encore de nombreuses améliorations partielles fort importantes quant au mécanisme et à la solidité.

Mais pour ne pas entrer dans des détails techniques trop étendus, hâtons-nous de voir les résultats de ces modifications dans leur application à la soufflerie de Saint-Denis.

Onze réservoirs dont huit de grande dimension contiennent chacun deux mille litres d'air, ensemble seize mille litres; trois autres réservoirs de moindre dimension renferment ensemble mille litres d'air *comprimé;* c'est donc un total de dix-sept mille litres.

Les huit grands réservoirs marchent par paires formant deux réservoirs superposés; un piston armé d'un levier mû par la force d'un homme y introduit terme moyen quatre-vingt-dix litres d'air par seconde.

Les trois autres réservoirs à *haute pression* reçoivent l'air au moyen d'un piston dirigé également par un homme dont l'action fournit quarante litres par seconde.

Ainsi à chaque seconde il peut être introduit dans les réservoirs quatre cents litres d'air.

Le travail de la mise en jeu équivaut à 50 *kilogrammètres* qui répartis à chacun des cinq leviers donnent 10 kilogrammètres, correspondant à la force de l'homme en raison du peu de durée du travail journalier coupé par de nombreux intervalles de repos.

Au reste les cinq hommes ne sont nécessaires que dans les grandes solennités lorsque l'on veut employer toutes les ressources de ce vaste instrument ; pour l'usage habituel deux hommes suffisent.

Il ne fallait pas moins qu'une soufflerie contenant 17,000 litres d'air pour alimenter un instrument aussi considérable et renfermant un aussi grand nombre de jeux de haute puissance ; et telle est sa dimension et la force motrice de sa mise en jeu que l'on peut jouer avec tous les registres ouverts sans qu'il en résulte la moindre altération dans l'intensité du vent, ni dans l'accord de l'instrument. L'épreuve en a été faite en plaquant un accord à quatre mains sur tous les claviers accouplés, et un accord de deux notes sur le clavier de pédales : un si formidable ensemble, une si prodigieuse dépense de vent a pu se continuer pendant plusieurs minutes sans la moindre altération dans les résultats.

D'autres avantages et des plus importants naissent de la combinaison des soufflets.

1° Les pressions différentes de vent ont permis d'alimenter chaque jeu et ses octaves avec un vent de l'intensité relative au degré de puissance qu'on voulait obtenir. La partie aiguë des jeux d'anches a particuliérement gagné quant à l'éclat et à la pureté du son : les octaves supérieures s'y trouvent maintenant en rapport avec les basses, en sorte qu'on n'a plus besoin de leur adjoindre certains jeux composés tels que les cornets et fournitures qui se fondaient mal avec les dessus, d'où naissait un son criard sans cesser d'être maigre.

2° Cette même variété de pression a été d'une grande ressource pour emboucher convenablement les *jeux harmoniques* dont il sera parlé plus tard.

3° Un autre avantage de la plus haute importance est résulté de cette disposition : c'est la séparation du vent qui alimente les flûtes avec celui qui nourrit les jeux d'anches, et de celui qui est destiné aux basses avec celui qui appartient aux dessus. Par ce moyen toute secousse et toute inégalité de vent est évitée dans la partie du chant, quelle que soit d'ailleurs la manière dont on traite l'accompagnement.

Tels sont les heureux produits de la division des réservoirs d'air et de la variété de pression.

Les améliorations qui viennent d'être signalées ont conduit à plusieurs autres : ainsi les *laies* des soupapes ont dû être divisées en plusieurs parties et alimentées séparément, selon la nécessité, par un vent d'intensité différente. Chaque partie de laie communique à un petit récipient recouvert d'une membrane élastique armée de plusieurs ressorts dont l'objet est d'équilibrer la pression de l'air dans les moments où par la nature de l'exécution le vent se dépense d'une manière brusque et saccadée.

Les sommiers sont classés avec ordre sur plusieurs plans de manière que l'on peut atteindre de la main chaque tuyau et l'accorder avec facilité. Les laies des soupapes sont également d'un facile accès, en sorte que tout dérangement accidentel, peut être immédiatement corrigé.

De notables changements ont été apportés dans la disposition des claviers. On a dit que les orgues de grande dimension en ont ordinairement cinq; M. Cavaillé les a réduits à trois, en plaçant sur un même clavier d'une part le grand orgue et les jeux de bombarde, de l'autre le récit et l'écho; le clavier inférieur sert comme d'ordinaire pour le positif. Cette simplification donne à l'organiste beaucoup de facilité pour l'exécution, sans qu'il ait à y perdre aucune des combinaisons habituelles.

C'est même ici un des points où la facture moderne a, par des moyens fort simples, fourni le plus de ressources nouvelles à l'organiste. On ne pouvait, par le passé, porter le nombre des nuances résultat de la combinaison des jeux, au delà du nombre des claviers à moins de changer les registres, et c'était pour cette raison que dans les instruments de grande dimension on avait cinq claviers indépendamment du pédalier ou clavier de pédales. Déjà nous avons vu l'un des Serassi commencer l'amélioration au moyen du *tiratutto*, espèce de registre qui tire tous les jeux à la fois. Les facteurs anglais et notamment M. Abbey avaient étendu cet avantage à quelques combinaisons de jeux au moyen de plusieurs pédales d'appel qui tiraient ou repoussaient un nombre déterminé de registres ; mais ces combinaisons, déterminées à l'avance par le facteur, se présentaient toujours de la même manière, et si l'organiste voulait mélanger les jeux autrement, il lui fallait nécessairement pour tirer les registres se servir de la main, comme dans l'usage ordinaire. Ce système exigeait en outre pour chaque mélange une pédale d'appel particulière.

M. Cavaillé, dans la vue de remédier à ces inconvénients, a imaginé un autre système, qui laisse à l'organiste la faculté de combiner les jeux comme il l'entend et de les appeler au moyen de pédales qui, n'agissant plus sur les registres, se manœuvrent aussi facilement qu'une touche ordinaire du pédalier : l'effet en est aussi prompt que la pensée, et chacune peut amener à la volonté de l'exécutant toutes les combinaisons auxquelles donnent lieu les jeux existant au sommier sur lequel son action s'exerce ; poussant jusqu'à ses dernières limites l'application de ce principe, il arrive à obtenir une infinité de mélanges qui, venant se combiner avec chacun des divers jeux de *récit*, présentent ainsi pour la variété de l'effet des ressources presque inépuisables. Des ressorts d'appel qui permettent à l'organiste, au moyen d'un léger mouvement du pied, de changer tout à coup et de modifier profondément le timbre des sons, donnent lieu à mille contrastes piquants tels que le passage subit de la plus grande force et des plus brillants effets à une suavité vraiment idéale. Par ce moyen l'on obtient aisément le *crescendo* et le *smorzando*, le dialogue de jeux d'un effet différent, etc. En un mot il offre à l'improvisation de nouvelles chances pour intéresser, émouvoir et faire passer dans l'auditoire les impressions dont l'âme de l'artiste est agitée.

Une découverte récente appliquée pour la première fois à l'orgue de Saint-Denis, mérite d'être mentionnée avec quelque développement. Nous voulons parler de l'appareil connu sous le nom de *machine Barker*, et que M. Hamel a nommé *levier pneumatique*. Cette invention due à M. Barker, mécanicien anglais, a pour objet de rendre les claviers de l'orgue le plus considérable aussi faciles et aussi doux que ceux des pianos les plus parfaits.

Les claviers de l'orgue sont, comme on le sait, en général durs à toucher, et la résistance que les touches opposent aux doigts est d'autant plus grande que les jeux de l'orgue sont plus nombreux. Cette résistance naît de la pression de l'air sur les soupapes mises en action par les touches des claviers; elle semblait en conséquence inhérente à la constitution même de l'instrument. Malgré toute la précision que la mécanique a pu acquérir en ces derniers temps, ses procédés ordinaires étaient tout-à-fait impuissants pour remédier d'une manière efficace à cette dureté des claviers qui, comme il est aisé de le comprendre devient bien plus sensible encore lors des *accouplements*, c'est-à-dire quand par l'action d'un clavier unique on en fait mouvoir d'autres.

Ayant reconnu l'insuffisance des moyens employés jusqu'alors, M. Barker eut l'idée de se servir du principe de la *détente des gaz*, qui, dans ces derniers temps, a donné naissance à ces moteurs extraordinaires connus sous le nom de *machines à vapeur*; mais au lieu de la vapeur d'eau, il s'efforça d'obtenir le même effet au moyen de l'air comprimé.

L'appareil que l'auteur a imaginé pour tenir lieu du cylindre des machines à vapeur et en remplir les fonctions, consiste simplement en un petit soufflet aboutissant à chaque touche, qui se gonfle et se dégonfle instantanément par l'introduction ou l'échappement de l'air au moyen de deux petites soupapes mues alternativement par la double action de la touche, qui n'éprouve ainsi aucune résistance étrangère.

La puissance d'action de cette machine naît, comme on voit, de la force élastique de l'air qui la met en jeu, multipliée par la surface de la paroi mobile du récipient; elle peut en conséquence augmenter à volonté en faisant varier ces deux conditions.

Cette découverte amenait une révolution dans la mécanique de l'orgue; son auteur, M. Barker avait cherché à la faire adopter en Angleterre où il avait été découragé par tous les facteurs d'orgues auxquels il s'était efforcé d'en faire comprendre les avantages [1]. Ayant pris le parti de venir en France et de s'y faire breveter, il trouva dans M. Aristide Cavaillé l'appui éclairé qu'exigeait la mise en pratique de son invention; ce dernier dut, conjointement avec l'auteur, se livrer à des expériences ayant pour but d'obtenir une bonne disposition de l'appareil, et les meilleures conditions de durée et de solidité; ce fut seulement alors que la première application en fut faite à l'orgue de Saint-Denis.

Comme toutes les bonnes idées, cette innovation avait d'abord eu ses détracteurs; on objectait la complication de l'appareil, le défaut de solidité et le manque de prestesse dans le toucher; enfin, l'on s'avisa même que la docilité des claviers de l'orgue aurait l'inconvénient d'habituer les organistes à jouer trop vite, comme si la douceur du clavier dans le piano empêchait les pianistes de jouer aussi lentement qu'il leur convient.

Toutes les objections tombèrent lorsque l'on put observer l'effet de l'appareil à l'orgue de Saint-

[1] Il avait espéré faire adopter son invention lors de la reconstruction de l'orgue d'York par MM. Elliot et Hill, habiles facteurs à qui l'on doit aussi le grand orgue de Birmingham; mais il ne put les déterminer à risquer une telle innovation, malgré l'expérience faite sur un petit orgue dont chaque clavier avait été chargé d'un poids de trois livres anglaises. Voyez la traduction en anglais de la *Méthode de composition* d'Albrechtsberger par M Arnold Merrick; seconde édition. T. I, p. 267.

Denis ; chacun dut admirer l'extrême douceur des
claviers et remarquer que leur réunion, au moyen
des pédales d'appel, n'augmente en rien la résistance, quel que soit le nombre des claviers mis en
jeu simultanément. On n'y vit plus dès lors qu'une
ressource nouvelle pour l'exécution, et l'on eut à
féliciter M. Cavaillé du bon jugement qui lui avait
fait sentir de prime-abord le mérite et les avantages d'une découverte que d'autres facteurs avaient
repoussée avec dédain et dont son patronage a
déterminé le succès[1].

Ces explications, qu'il était nécessaire de donner
sur un appareil généralement peu connu, nous con-
duisent naturellement à dire un mot du mécanisme
particulier de l'instrument. Il est inutile d'avertir
que toutes les simplifications, toutes les utiles modifications récemment introduites dans la facture,
ont été mises à profit pour l'orgue de Saint-Denis ; mais ce que l'on ne peut voir qu'avec une véritable admiration, c'est la disposition aussi neuve
qu'ingénieuse de tout ce mécanisme combiné avec
la place assignée aux sommiers. Jamais le fer n'avait
été aussi heureusement substitué au bois ; tous les
leviers, tous les abrégés ou mouvements de trans-
mission des touches aux soupapes, ainsi que les pi-

---

[1] Le *levier pneumatique* pouvait alors devenir un monopole pour
M. Cavaillé ; mais, voulant laisser à l'inventeur tout le fruit de sa découverte, il se contenta d'une cession partielle du brevet qui l'autorise
à introduire l'appareil Barker dans tous ses travaux ultérieurs ; laissant
de la sorte aux autres facteurs la facilité de recourir à l'inventeur pour
les applications qu'ils auraient occasion d'en faire.

lotes tournants qui communiquent le mouvement des registres, sont ainsi construits.

Enfin toutes les soupapes, tant des sommiers que des soufflets, sont disposées de manière à pouvoir s'enlever s'il y a lieu de remédier à quelque défaut, sans rien déranger aux soufflets ni aux sommiers.

Je le répète, il faut pour en bien juger, avoir vu l'ordre admirable et la disposition symétrique de tout cet immense ensemble, dont chaque partie peut être abordée, touchée, vérifiée sans aucun embarras, sans aucun dérangement, la main se portant sans aucune difficulté partout où l'œil pénètre : on ne remarque peut-être pas assez toutes les réflexions et tous les calculs qu'a dû exiger une semblable disposition.

Nous venons de voir les améliorations introduites dans la soufflerie, les claviers, le mécanisme ; celles qui ont été apportées aux tuyaux ne sont pas d'une moindre importance. On se plaignait généralement de la faiblesse de son des tuyaux de *montre*, c'est-à-dire de ceux qui sont placés en vue au devant de l'instrument ; or, chacun a pu remarquer que dans l'orgue de Saint-Denis ces mêmes tuyaux avaient une puissance de son et de timbre fort remarquable. Voici comment le fait s'explique : De nombreuses expériences avaient depuis longtemps fait connaître à M. Cavaillé que, pour obtenir de beaux sons au moyen de ces tuyaux, il était nécessaire de donner à leurs parois, surtout pour les tuyaux de basse, une épaisseur beaucoup plus forte qu'on ne le faisait communément; sans s'effrayer de l'énorme augmentation de dépense non prévue dans le devis, et qui devait ici porter non-seulement sur la matière première, mais encore sur la main-d'œuvre, M. Cavaillé n'a pas hésité à porter le métal du tuyau de l'*ut* du seize-pieds, qui, dans la limite la plus élevée du poids qu'on lui donne, ne dépasse pas d'ordinaire cinquante kilogrammes, à cent quatre-vingts, c'est-à-dire à un poids presque quadruple. Cette augmentation d'épaisseur des parois a donné la facilité d'emboucher ces tuyaux *à plein vent*, et d'en obtenir toute la plénitude de son dont ils étaient susceptibles. Cet avantage une fois reconnu, notre habile facteur aurait cru manquer à ses engagements s'il ne l'eût étendu à tous les autres tuyaux construits en étain fin coulé en planches, puis écroui au martinet, opération qui, en rendant le métal plus compacte, augmente encore la beauté du son.

Quant aux tuyaux de bois, leur épaisseur a été soigneusement proportionnée à leur taille; chacun des côtés est d'une seule pièce, même dans les tuyaux de trente-deux pieds. Ils sont en sapin rouge du nord et enduits tant à l'intérieur qu'à l'extérieur d'une couche de peinture qui en favorise la conservation.

Mais une autre amélioration dont les avantages ont pu paraître bien plus sensibles et, en quelque sorte, plus palpables, a été introduite dans l'orgue de Saint-Denis.

Les jeux des anciens instruments, dus à de bons organiers, laissaient peu à désirer sous le rapport de la qualité du son et de la confection, et il n'y avait à cet égard rien de mieux à faire que de les imiter ; mais on pouvait essayer d'ajouter à ce qu'ils avaient fait. Parmi les jeux de l'orgue de Saint-Denis, il s'en trouve que l'on a entendus avec cette surprise et cet intérêt qui s'attache toujours à un nouvel instrument : c'est qu'en effet M. Cavaillé a introduit dans la facture des orgues non-seulement un jeu, mais toute une famille de jeux nouveaux, et c'est là sans contredit une de ses idées les plus heureuses et les plus fécondes, une des plus fructueuses applications des observations de la science à l'art musical.

Je veux parler des jeux nommés *harmoniques*[1],

1 Sans prétendre donner ici une théorie des sons harmoniques, je vais tâcher de faire comprendre en peu de mots comment ce phénomène se produit sur les cordes.

Les vibrations transversales des cordes s'opèrent de trois manières : 1° en faisant résonner une corde dans son entier ; 2° en faisant résonner l'une quelconque de ses parties ; 3° en faisant entendre à la fois plusieurs parties d'une même corde. C'est de ce dernier cas que résultent les sons *harmoniques* : ils s'obtiennent en appuyant légèrement un doigt sur l'un des points de la corde mise en vibration au moyen d'un archet dont la pression, de même que celle du doigt, doit être beaucoup moindre que de coutume, afin que la communication ait lieu d'une partie de la corde à l'autre. Si la division est irrégulière, on n'obtient qu'un frémissement désagréable ; mais si elle est régulière, c'est-à-dire si elle partage la corde à l'un des points où se forment les aliquotes du son fondamental, il en résulte que la corde résonne comme chacune des parties contenues entre ces points. Si par exemple on pose le doigt au tiers de la longueur de la corde, les deux parties, malgré l'inégalité de leur longueur, rendent un même son qui est celui de leur plus grand commun diviseur. Voici comment s'explique ce phénomène : l'obstacle placé sur un point donné de la corde empêchant l'unité de vibration dans la londe l'effet desquels on pourrait croire au premier abord que les instruments à cordes ont été les seuls à tirer parti : en effet le violoncelle, la contrebasse, la harpe, la guitare même font usage des sons harmoniques, et l'on sait quel parti en a tiré sur le violon le célèbre Paganini, qui s'en est servi pour ouvrir à l'instrument qu'il jouait avec un talent si merveilleux, de nouvelles voies dans lesquelles il est bien difficile de le suivre, et qu'assurément peu d'exécutants parcourront du même pas que lui.

Cependant, l'emploi des sons harmoniques sur gueur totale de la corde, mais n'étant pas suffisant pour arrêter complétement les vibrations de l'une des deux parties, il va se reproduisant autant de fois que le plus grand commun diviseur y est contenu, en sorte que chaque partie vibre comme une corde particulière entre des points immobiles que l'on nomme *nœuds*. Ainsi, supposant une corde tendue AB et l'obstacle placé au point C, la corde attaquée vibrera de A en C, de C en *d* et de *d* en B.

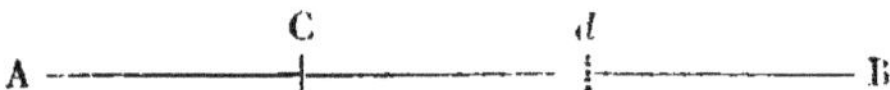

Le nœud que l'obstacle fait naître au point C se reproduira au point *d*, et ces points resteront immobiles tandis que chaque division de la corde décrira une courbe et fournira un ton analogue à sa longueur. Cette expérience devient sensible si l'on place des chevrons de papier sur les nœuds et sur les parties vibrantes: les premiers demeureront fixes, tandis que le mouvement vibratoire repoussera les autres. Ce moyen de vérification a été donné en 1701 par Sauveur, mais il paraît que les premières observations relatives aux sons harmoniques furent faites à Oxford par Noble et Pigot, et communiquées à Wallis dès 1676.

Les vibrations longitudinales de la colonne d'air dans les tuyaux produisent un effet analogue, mais d'après des lois fort différentes et moins faciles à comprendre que celles qui régissent les sons harmoniques des cordes; c'est ce qui m'a décidé à prendre exemple de celles-ci en fournissant les moyens les plus aisés de vérifier l'expérience.

les instruments à cordes est toujours une exception, mais on en fait un usage continuel et plus ou moins sensible sur les instruments à vent. Ceux dont le tube ou corps sonore n'est pas garni de trous latéraux, par exemple le cor et la trompette ordinaires, n'ont pas d'autre moyen d'exprimer naturellement les différents tons : ainsi le cor fournira, sans que son tube éprouve aucune variation, les tons suivants, en prenant pour fondamentale l'*ut* du huit-pieds.

UT ut sol ut₂ mi₂ sol₂ si♭₂ ut₃ re₃ mi₃ fa₃ sol₃ la si♭₃ si♮₃ ut₃

Le premier ton est naturel à la longueur du tuyau, et pour les suivants, qui sont ses harmoniques à différents degrés, l'exécutant guidé par le sentiment de l'intonation augmente le degré de pression du vent nécessaire pour obtenir le son qu'il désire.

Les tuyaux d'orgues étant dans le même cas, pouvaient donc, outre leur son fondamental, en rendre *sous la même dimension* plusieurs autres ; savoir ceux que les physiciens ont nommés *harmoniques* [1]. Jusqu'à présent le premier son ou son

[1] Les physiciens avaient depuis longtemps observé ce phénomène dans son application aux tubes sonores. En 1750, Estève, membre de la Société des Sciences de Montpellier, en parlait dans sa *Théorie des sons harmoniques*. Le célèbre Daniel Bernoulli en faisait l'objet de *Recherches* consignées dans les *Mémoires* de l'Académie des Sciences de Paris. Plus tard Lambert, Euler, La Grange, enfin Chladni dans son excellent *Traité d'acoustique*, et de nos jours le savant feu Félix Savart s'efforçaient de déterminer les rapports des sons qu'un même tuyau peut faire entendre. Il résulte de leurs recherches que la série des sons produits sur

fondamental, tant dans les tuyaux ouverts que dans les tuyaux bouchés, était seul employé dans la facture des jeux d'orgue, et c'est en effet le plus facile à obtenir. Mais par cette raison que les tuyaux ouverts produisent des sons plus beaux et plus intenses que les tuyaux bouchés, on pouvait espérer d'obtenir des résultats fort avantageux au moyen de sons produits par des tuyaux dont la colonne d'air divisée en plusieurs parties vibrantes, rendrait sous la même longueur, l'octave, la douzième, la quinzième, la dix-septième, etc. Le son d'un tuyau ouvert étant, quant à l'intensité, l'équivalent de deux tuyaux bouchés qui auraient la moitié de sa longueur, on peut dire dans le

le même tuyau, ou sur des tuyaux de même longueur, se trouve en raison du nombre de parties vibrantes suivant lesquelles se divise la colonne d'air de ces mêmes tuyaux, comme l'indique le tableau ci-dessous.

Nombre des parties vibrantes de la colonne d'air.	1	2	3	4	5	6	7	8	9	10
Série des sons des tuyaux bouchés.	ut		sol^2		mi^3		si^3		re^4	
Série des sons des tuyaux ouverts.		ut^2		ut^3		sol^3		ut^4		mi^5

et ainsi de suite.

On voit par ce tableau que, dans le premier son d'un tuyau bouché, la colonne d'air vibre d'une seule partie en s'approchant et s'éloignant alternativement du bout bouché; tandis que, dans le premier son d'un tuyau ouvert, la colonne se divise en deux parties vibrantes qui rendent le son plus aigu d'une octave que si ce même tuyau était bouché; mais d'un autre côté, le son est d'une intensité beaucoup plus grande, le son d'un tuyau ouvert étant en fait équivalent à celui de deux tuyaux bouchés qui auraient la moitié de la longueur du tuyau ouvert.

même sens que les sons harmoniques sont équivalents par leur intensité à autant de tuyaux bouchés qu'il y a de parties vibrantes dans un tuyau qui sonne les harmoniques. Ce résultat, acquis à la science, a été mis en pratique par M. Aristide Cavaillé dans la facture des orgues.

Ce n'est, au reste, qu'après bien des expériences qu'il est parvenu à fixer dans chaque tuyau l'harmonique qu'il désirait obtenir pour former des séries chromatiques propres à la composition des différents jeux. Ainsi que l'a dit un des plus savants acousticiens de notre siècle, « lorsqu'on veut appliquer à la pratique des idées qui paraissent conformes à la théorie, la nature, consultée par l'expérience, désavoue souvent nos conjectures et nous oppose des obstacles qu'on n'avait pu prévoir. Alors, après avoir travaillé en vain un long espace de temps, il faut quelquefois détruire tout ce qu'on a fait et recommencer de nouveau. Mais le moindre succès fait oublier ces épreuves de la patience[1]. » C'est aussi ce qui est arrivé à M. A. Cavaillé ; le problème a été complétement résolu par lui et les nouveaux jeux nés de ce principe ont acquis sur les jeux ordinaires de l'orgue, outre l'augmentation de volume et de puissance, une parfaite analogie avec les instruments qu'ils étaient destinés à représenter.

Le système des tuyaux harmoniques pouvant s'adapter aux divers jeux, il est aisé de comprendre

---

[1] Chladni, *Traité d'acoustique*, Préface, p. xj.

quelles voies nouvelles de perfectionnement se sont ouvertes pour la partie résonnante de l'orgue. Cette idée seule aurait suffi pour classer l'orgue de Saint-Denis comme un instrument tout à fait à part; l'application qui en a été faite en cette occasion a permis au facteur d'augmenter notablement l'intensité et le volume du son dans les parties aiguës et de les mettre ainsi en rapport avec la puissance ordinaire des basses. Le nouveau système de soufflerie a été d'un grand secours pour donner à ces nouveaux jeux tout l'effet qu'on pouvait en attendre.

Ici se place naturellement le tableau de ceux qui composent l'orgue de Saint-Denis, et celui des pédales de combinaison; l'on y trouvera l'indication de la longueur du plus grand tuyau et le nombre de ceux qui entrent dans la composition totale du jeu; il sera temps ensuite de dire un mot sur l'effet sonore de ceux qui ont paru les plus remarquables.

COMPOSITION DES JEUX DE L'ORGUE DE SAINT-DENIS.

CLAVIER DE PÉDALES, *deux octaves de fa en fa.*

			A l'ut.	Au fa	Nombre de tuyaux.
FLUTES.	1 Flûte ouverte ....de	32 pi. [1]			25
	2 Flûte ouverte.........de	16		24	25
	3 Flûte ouverte. ....de	8		12	25
				A reporter.....	75

[1] Les tuyaux d'une longueur de plus de trente-deux pieds ne fournissant pas de son, il n'était pas possible de donner à ce jeu le ravalement au *fa;* on y a suppléé en reproduisant, pour la partie inférieure du pédalier, les notes de l'octave.

81

		Ci-contre.....			75
	4 Flûte ouverte. .... de	4	6		25
	5 Gros nasard ou quinte .. de	8			25
Anches.	6 Basse-contre .... de	16	24		25
	7 Basson .... de	8	12		25
	8 Bombarde. .... de	16	24		25
	9 Première trompette. .... de	8	12		25
	10 Deuxième trompette .... de	8	12		25
	11 Premier clairon........ de	4	6		25
	12 Deuxième clairon. ..... de	4	6		25

Clavier du positif, *quatre octaves et demie d'ut en fa.*

Flutes.	1 Bourdon.	16 pieds.	54
	2 Salcional[1]	8	54
	3 Bourdon.	8	54
	4 Prestant	4	54
	5 Flûte	4	54
	6 Nasard ou quinte	3	54
	7 Doublette	2	54
	8 Tierce		54
	9 Cymbale de quatre rangs		216
	10 Fourniture d°		216
Anches	1 Flûte harmonique............	8	54
et jeux	2 Flûte octaviante	4	54
harmo-	3 Flageolet harmonique..........	2	54
niques.	4 Trompette harmonique.........	8	54
	5 Cor d'harmonie et hautbois......	8	54
	6 Cromorne	8	54

A reporter..... 1488

[1] Le *salcional, solcional* (on dit aussi *salicional* et *solicional*), ou *salicet,* est un jeu de flûte ouverte dont les tuyaux sont fort étroits et dont les sons ont quelque analogie avec ceux du violoncelle. Ce jeu, qui se trouvait dans beaucoup d'orgues allemandes, s'est introduit depuis peu de temps dans celles de France.

D'autre part.... 1488

7	Clairon octaviant.............	4 pieds.	54
8	Tremblant		00

CLAVIER DU GRAND ORGUE, *quatre octaves et demie d'ut en fa.*

FLUTES.	1	Montre....................	32 pieds.	54
	2	Montre....................	16	54
	3	Montre....................	8	54
	4	Viole....................	8	54
	5	Bourdon....................	16	54
	6	Bourdon....................	8	54
	7	Flûte traversière harmonique ...	8	54
	8	Flûte octaviante harmonique....	4	54
	9	Prestant....................	4	54
	10	Nasard ou quinte	3	54
	11	Doublette	2	54
	12	Grosse fourniture de quatre rangs		216
	13	Grosse cymbale d°....		216
	14	Fourniture d°....		216
	15	Cymbale d°....		216
ANCHES.	16	Première trompette harmonique.	8	54
	17	Deuxième trompette harmonique.	8	54
	18	Basson et cor anglais.........	8	54
	19	Clairon octaviant............	8	54
	20	Cornet à pavillon...........	8	54

CLAVIER DE BOMBARDES, *quatre octaves et demie d'ut en fa.*

FLUTES.	1	Grand cornet de sept rangs.....		210
	2	Bourdon....................	16 pieds.	54
	3	Bourdon....................	8	54
	4	Flûte....................	8	54

A reporter........ 3642

CLAVIER DE RÉCIT-ÉCHO EXPRESSIF, *quatre octaves et demie d'ut en fa.*

		Ci-contre......		3642
	5	Prestant	4 pieds.	54
	6	Nasard ou quinte	3	54
	7	Doublette	2	54
ANCHES.	8	Bombarde..................	16	54
	9	Première trompette de bombarde.	8	54
	10	Deuxième trompette harmonique.	8	54
	11	Premier clairon harmonique	4	54
	12	Deuxième clairon octaviant......	4	54
FLUTES.	1	Bourdon...................	8	54
	2	Flûte harmonique.......	8	54
	3	Flûte octaviante harmonique....	4	54
	4	Octavin harmonique	2	54
	5	Quinte		54
ANCHES.	6	Trompette harmonique........	8	54
	7	Clairon harmonique..........	4	54
	8	Voix humaine harmonique......	8	54
		Total général.....		4506

On voit que, dans l'orgue de Saint-Denis, le nombre total des tuyaux est de quatre mille cinq cent six. Il est le seul en France, du moins à ma connaissance, qui possède un trente-deux pieds véritable, car ainsi que j'ai déjà eu l'occasion de le remarquer, on a souvent donné pour des trente-deux pieds des flûtes bouchées de seize, ce qui change tout à fait la question.

Voici maintenant le tableau explicatif des neuf pédales *de combinaison* dans l'ordre qu'elles occupent au-dessus du pédalier, en commençant par la droite de l'organiste.

I. Pédale *expressive* servant à nuancer les sons du clavier de récit.

II. Pédale *de récit* dont l'emploi transporte les jeux du clavier de récit sur le deuxième clavier.

III. Pédale *de bombarde* qui amène sur le deuxième clavier les jeux du sommier de bombarde.

IV. Pédale *du grand orgue* qui fait passer les jeux qui le composent sur le deuxième clavier.

V. Pédale *du positif* servant à en placer les jeux sur ce même deuxième clavier.

VI. Pédale *des dessus* réunissant aux jeux de fond du positif les jeux d'anches et les jeux harmoniques appartenant à ce même clavier.

VII. Pédale *des basses* réunissant les basses de ces mêmes jeux aux jeux de fond du positif.

VIII. Pédale *de tirasse* [1] amenant sur le pédalier les basses de tous les claviers.

IX. Pédale *d'octaves* produisant par rapport aux claviers des mains l'effet d'une troisième main qui fait sonner l'octave grave des notes touchées avec les doigts.

Les neuf pédales de combinaison jointes aux trois claviers des mains offrent tout d'abord douze manières de nuancer en même temps le degré de force et le timbre des sons d'une manière extrêmement variée. Mais en considérant les dispositions que peut au préalable prendre l'organiste pour la distribution des registres, on arrive au nombre

[1] On appelle *tirasse* un ressort qui s'adaptant par-dessous aux touches du premier clavier est mis en correspondance avec les touches du pédalier, de telle sorte qu'en posant le pied sur celui-ci, on abaisse les touches du clavier des mains.

extraordinaire de 4,071 mélanges différents produits par l'emploi de ces diverses pédales.

Si maintenant on se reporte aux effets analogues obtenus sur les orgues ordinaires, on trouve cette variété d'effets limitée au nombre de claviers, c'est-à-dire à *quatre* ou *cinq* sur les plus grands instruments.

La comparaison des chiffres peut donner ici une juste idée des améliorations apportées par M. Cavaillé en cette partie et des ressources nouvelles mises par lui à la disposition de l'organiste. Un point d'une bien haute importance, et dont tout exécutant est à même d'apprécier l'avantage, c'est d'avoir laissé à l'organiste toute liberté dans le choix des mélanges qu'il lui convient d'adopter, puisqu'il prépare ses combinaisons comme il les entend et les appelle ensuite au moyen des pédales. Ainsi les combinaisons presque infinies produites par les divers mélanges de ce grand instrument viennent elles-mêmes se combiner de nouveau, se succéder, se croiser sous les doigts, et à la volonté de l'organiste, qui, lorsqu'il s'est rendu maître de ce mécanisme, tient vraiment à sa disposition toutes les nuances d'expression imaginables, depuis le son le plus doux de l'orgue jusqu'à l'étonnante puissance sonore à laquelle ce magnifique instrument est susceptible d'atteindre.

Cette idée seule aurait suffi pour faire de l'orgue de Saint-Denis un instrument tout-à-fait à part ; mais d'autres perfectionnements se montrent en-

‹ ore non-seulement aux connaisseurs, mais à l'auditeur vulgaire qui, sans s'expliquer l'effet produit, s'aperçoit cependant bien d'une grande et notable différence avec ce qu'il avait entendu habituellement.

C'est que plusieurs jeux ont acquis des qualités qui leur manquaient jusqu'à présent. Ainsi, rien de plus rare que de rencontrer dans les orgues anciennes ou modernes un hautbois qui ne laisse rien à désirer. M. Cavaillé a pris pour principe de ce jeu le *cor anglais* ou quinte de hautbois, en lui donnant d'ailleurs dans l'orgue toute l'étendue nécessaire, tandis qu'il établissait au grave une liaison parfaite entre ce jeu et celui du basson. Le *cromorne* et la *voix humaine*, deux jeux dans lesquels une bonne qualité de son est encore plus rare, ont été sensiblement améliorés; les sons du premier ont été rapprochés de ceux de la clarinette, et le principe des harmoniques appliqué à la voix humaine l'a dépouillée de ce qu'elle offre d'inconvenant ou même de ridicule dans des instruments souvent fort estimables d'ailleurs.

La *trompette harmonique* du clavier de récit est, par sa puissance et par l'excellence des sons qu'elle produit, incomparablement supérieure à tout ce que l'on connaît en ce genre. Le caractère tout-à-fait particulier de ses basses, lorsqu'on l'emploie comme partie chantante accompagnée des jeux de fond, est d'un effet admirable. On en peut dire autant des séries de jeux de *flûtes harmoniques* qui donnent à l'ensemble de l'orgue tant de rondeur et de puissance.

Que dire ensuite de ces trente-deux pieds, si imposants et dont en même temps les articulations sont si nettes? Que dire de ces mugissantes bombardes de vingt-quatre, de ces retentissantes trompettes, de ces brillants clairons qui, parlant dans toute l'étendue du clavier, amènent des effets d'une vigueur extraordinaire et d'une étonnante sonorité? Comment vous exposer la perfection de ces flûtes de récit embouchées avec une telle précision qu'elles imitent à s'y méprendre la flûte et la petite flûte jouées par un artiste habile? Comment vous démontrer le mérite si remarquable des autres jeux de récit auxquels, comme on le pense bien, M. Cavaillé n'a pas manqué d'ajouter une boîte d'expression, l'orgue de Saint-Denis ayant dû résumer en lui tous les perfectionnements connus au moment de sa confection ?

Ce n'était pas tout encore d'avoir fait bien parler chaque tuyau et chaque jeu individuellement, il fallait que cet immense assemblage de plus de 4,500 tubes sonores s'unît, se fondît, s'amalgamât pour former un tout homogène dans sa variété, un ensemble parfait dans ses détails : il fallait obtenir cette belle et séduisante harmonie qui distingue un si grand nombre d'instruments italiens dont la puissance naît bien moins du grand nombre des jeux que de la perfection et de l'union qui donne une suavité délicieuse à tous leurs effets. Cet harmonieux ensemble, M. Aristide Cavaillé l'a obtenu dans le grand instrument de Saint-Denis, surtout au moyen de son excellent système de soufflerie à pressions différentes qui lui a permis de compenser exactement la force respective des basses et des dessus, condition essentielle que les jeux harmoniques sont venus compléter en lui donnant le sceau de la perfection. Et songeons bien que c'est ici un principe posé que tous les organiers suivront sans doute dans leurs nouvelles constructions , s'ils ne veulent demeurer en arrière des progrès de l'art.

Pour tout résumer, il faut dire que M. Aristide Cavaillé en construisant l'orgue de Saint-Denis a voulu que pas un jeu, pas un tuyau ne pût être mis avec désavantage en parallèle avec les jeux et tuyaux des orgues connues. Tout ce qui lui semblait imparfait, incomplet, il s'est efforcé de l'améliorer, de le perfectionner.

En portant un soin attentif jusque dans les plus petits détails, il a fait à chaque instant ce que les facteurs d'instruments de musique, qui ne veulent pas s'en tenir aux routines établies, devraient faire plus souvent ; il a interrogé la science, et c'est elle qui a résolu ses doutes, répondu à ses difficultés. Mécanicien de premier ordre, inventeur d'outils nouveaux[1], il ne s'est point effrayé des embarras que lui causait une distribution nouvelle de tout

---

[1] On doit notamment à M. Aristide Cavaillé une nouvelle *scie circulaire* qui lui a valu une médaille de la *Société d'Encouragement*.

un appareil qui s'éloignait absolument des anciennes habitudes, et l'on doit lui savoir gré d'avoir enfin su s'écarter de cette vieille routine qui semblait imposer certaines obligations, certains arrangements qui ont nui plus d'une fois à la convenance et à l'effet.

Faut-il aussi vous parler des sacrifices de tout genre faits pour obtenir les résultats désirés ; faut-il vous rappeler que la plupart des perfectionnements énumérés, après avoir exigé de laborieuses études, ont été appliqués à l'orgue de Saint-Denis bien qu'il ne fût question de rien de pareil dans le devis ; en cela comme dans tout le reste MM. Cavaillé ont été bien au delà de leurs promesses, parce que le désintéressement est d'ordinaire le propre du génie[1]. Remarquons aussi la sagesse qui a constam-

---

[1] Voici, à cet égard, comment s'exprime le rapport des commissaires chargés de la réception :

« Vos commissaires sont unanimement convaincus que les obligations souscrites par les facteurs ont été plus que remplies par eux... C'est donc avec la plus vive satisfaction qu'ils résument leur opinion sur l'œuvre de ces habiles et consciencieux facteurs, en déclarant que l'honneur beaucoup plus que le bénéfice semble les avoir préoccupés pendant la longue durée de l'accomplissement de leurs obligations ; aussi émettent-ils unanimement le vœu de voir restituer à ces facteurs désintéressés la réduction qui leur a été imposée sur le premier prix demandé par eux... Un soin extrême d'exécution, poussé jusque dans les plus petits détails, une fidélité rigoureuse à réaliser tous les perfectionnements annoncés, une abnégation complète de tout intérêt d'argent ; telles sont les qualités honorables dont MM. Cavaillé n'ont cessé de faire preuve pendant toute la durée de l'exécution de leur traité. »

La commission nommée par le ministre des Travaux Publics était composée de MM. Poncelet, baron Séguier, de l'académie des Sciences ;

ment dirigé **M. Aristide Cavaillé** dans ses innovations; procédant toujours avec méthode, il n'a pas prétendu modifier l'instrument dans toutes ses parties; occupé d'une foule d'idées d'améliorations partielles, il n'a pas étourdiment adopté pour l'orgue de Saint-Denis des changements qui auraient peut-être dû plus tard être changés eux-mêmes; il n'a introduit que ce qui à ses yeux avait le caractère de la maturité et dont l'avantage était aussi évident qu'inattaquable. Ajoutons que pour tant d'heureuses modifications, qui lui appartenaient sans contestation, M. Cavaillé a même négligé de prendre des brevets d'invention; d'autres ont postérieurement introduit ses découvertes dans la construction ou la réparation des instruments, et ils étaient assurément dans leur droit; seulement il eût été, ce semble, convenable d'en nommer le premier auteur. Peu lui importe au reste d'être passé sous silence; son œuvre parle assez pour lui, car c'est ici surtout une œuvre d'art exécutée par un véritable artiste.

Oui, Messieurs, il est artiste aussi, celui qui, en pareille occasion, arrive à de tels résultats, et c'est avec joie et reconnaissance que les musiciens et surtout les organistes accueillent au milieu d'eux l'homme qui agrandit la sphère où se déploie leur talent. Ils aiment à se souvenir que sous l'ancienne

Chérubini, Spontini, Berton, Auber, Halévy, Caraffa, Debret, de l'académie des Beaux-Arts; Lefébure, Simon, organistes. Rapporteur, M. Séguier.

législation la facture des orgues n'était point classée parmi les métiers. On semblait répugner à ne voir qu'un simple artisan dans l'homme capable de donner naissance à tant de merveilles.

Ainsi qu'on a pu le reconnaître par ce qui a été dit plus haut, l'orgue est moins un instrument qu'une réunion d'instruments d'une puissance vraiment prodigieuse que le génie de la mécanique a su mettre à la disposition d'un seul homme, qui gouverne et fait manœuvrer le tout sans aucun effort, aidé simplement d'individus dont le premier venu peut remplir le rôle, puisqu'il consiste uniquement à prendre soin que les réservoirs soient constamment remplis d'air. Assis devant ses claviers, l'organiste fait entendre les divers jeux l'un après l'autre, les combine, les associe, obtient à sa volonté les morceaux du genre le plus calme et ceux du plus brillant effet; mais comme ces ambitieux conquérants qui ne trouvent jamais les limites de leurs États assez reculées, comme ces somptueux commerçants qui veulent accroître indéfiniment leurs richesses, il demande encore plus que ce qu'il possède; il veut des effets nouveaux, des ressources nouvelles. En un temps comme le nôtre, époque de transition et de transformation, ces sortes d'exigences ne doivent pas étonner.

Eh bien! M. Aristide Cavaillé a su y répondre; puissent les voies nouvelles qu'il a ouvertes être dignement parcourues! Puisse l'art de toucher l'orgue reprendre une véritable importance! Puisse

au moins l'École française ne pas perdre entièrement le genre de valeur qu'elle s'était acquise. Les
anciens organistes français n'étaient pas de pro-
fonds harmonistes, mais ils possédaient ce qui fait
oublier bien des défauts accessoires, savoir une
riche et féconde imagination qu'ils appliquaient
avec un extrême bonheur aux effets d'un instrument dont ils connaissaient à fond toutes les ressources. Telles sont les qualités que doivent par-
dessus tout s'efforcer d'acquérir ceux qui les ont
remplacés. Qu'ils nourrissent leur imagination de
hautes pensées, qu'ils s'exercent chaque jour sur
les ouvrages des compositeurs dont la réputation
est bien consacrée ; qu'ils apprennent de ces grands
artistes à donner à leurs inspirations cette noblesse,
cette gravité, cette élévation, que l'on a droit
d'exiger dans le lieu où brille leur talent ; enfin, si
le génie inventif qui les anime s'est un instant
égaré, qu'ils sachent le retrouver au milieu des
inépuisables richesses de l'harmonie allemande[1].

[1] Cela ne veut pas dire qu'il n'existe pas en France, et surtout à Paris,
des organistes habiles. Ce serait donner de soi une bien mauvaise opinion
de ne pas rendre justice au talent de MM. Benoît, Boely (admirable dans
le style allemand), Fessy, Lefébure, Séjan, Simon (organiste du chapitre
royal de Saint-Denis), etc. Je les nomme ici dans l'ordre alphabétique.
On doit particulièrement se féliciter que l'orgue de Saint-Denis ait été
confié à un artiste du talent de M. Simon, qui sait tirer un merveilleux
parti des combinaisons nouvelles de ce grand instrument, comme l'on
peut s'en convaincre lorsqu'il se fait entendre aux jours des principales
fêtes de l'année, ainsi que dans plusieurs séances qu'il donne de temps
à autre, en présence de sociétés choisies ou d'étrangers de haute dis-
tinction, lorsque la demande lui en est adressée.

Espérons que les nouveaux effets obtenus par MM. Cavaillé ne seront pas sans influence sur les progrès de l'École française. Comment le plus riche et le plus sublime des instruments demeurerait-il dans une sorte de dégradation ? Comment en un siècle où l'on ne parle que de rapprocher toutes choses et de les unir pour en augmenter les forces n'accorderait-on pas l'attention qu'elle mérite à l'admirable création qui mieux que toute autre est un noble et vivant symbole des beaux-arts et des arts industriels qui, fils de l'imagination, s'unissent fraternellement dans les bras de la science, puisant à toute heure une vie nouvelle dans le sein de cette mère adoptive non moins tendre et plus sage que celle qui leur a donné le jour.

Pour nous, Messieurs, félicitons-nous d'avoir décerné à M. Aristide Cavaillé une récompense si bien méritée. Sans doute, pour un homme qui voit les choses comme lui, notre médaille ne sera qu'un motif de s'élancer avec plus d'ardeur encore dans les routes que sait se frayer le génie qui a sans cesse devant les yeux un mieux auquel il voudrait atteindre. C'est une nouvelle raison de nous réjouir de notre détermination ; elle rappellera que, fort jeune encore, M. Aristide Cavaillé avait en 1841 construit l'orgue le plus vaste, le plus magnifique et le plus parfait que l'on rencontrât alors en France.

TABLE ANALYTIQUE.

FIN

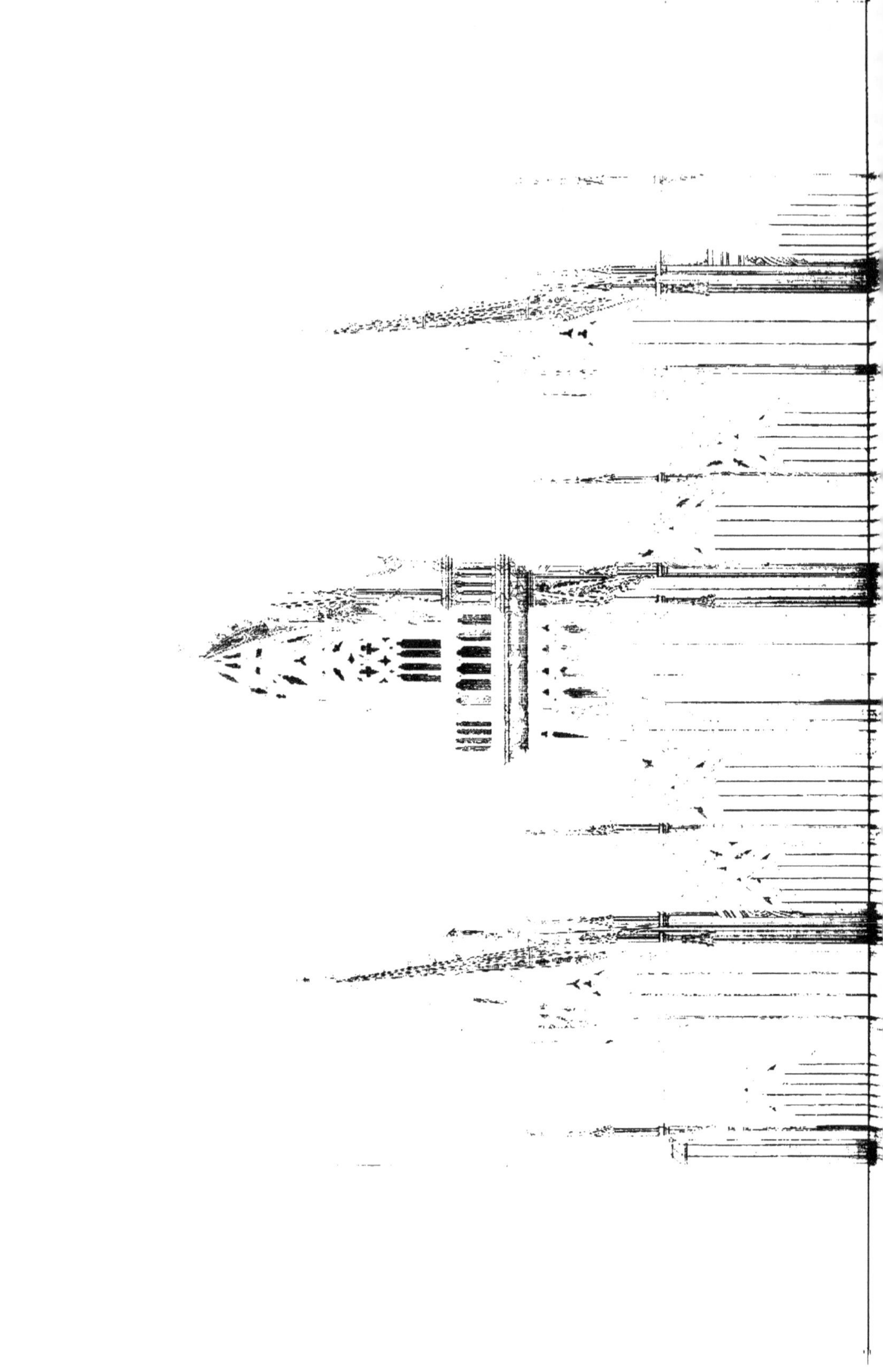

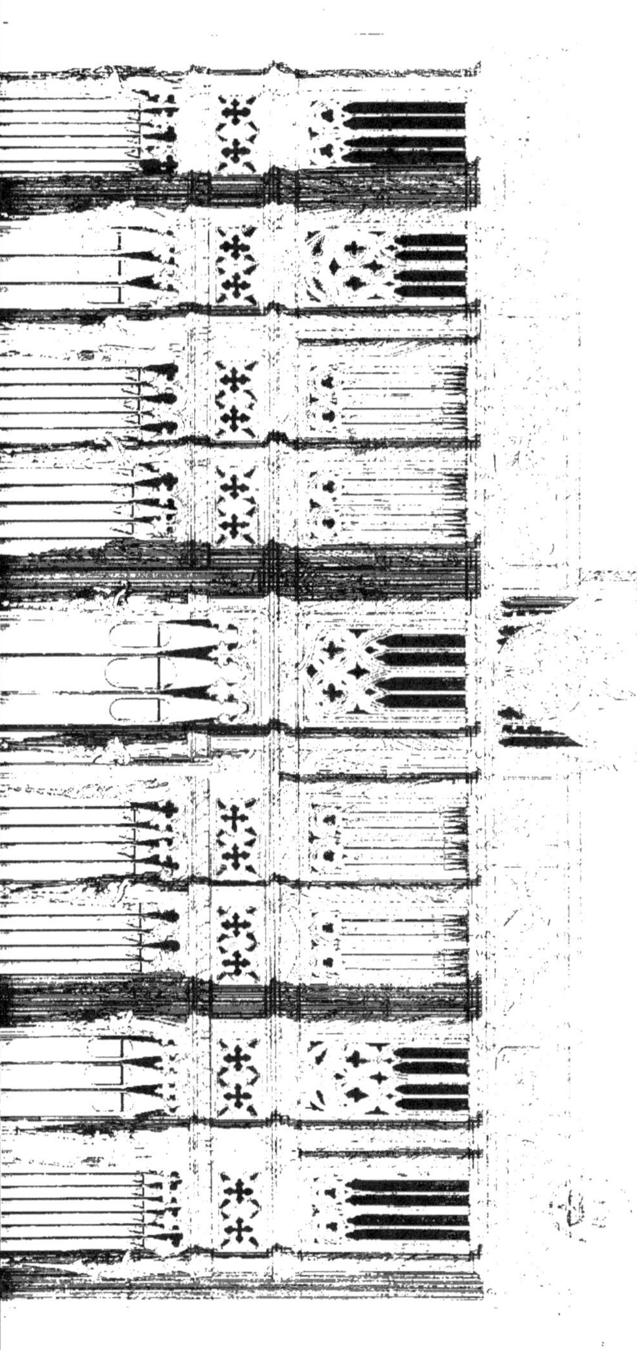